Abschiedsreden

Für Menschen mit geistiger Behinderung

Hans Heppenheimer

Würde ist spürbar

Abschiedsreden
für Menschen
mit geistiger
Behinderung

**Mit einem Geleitwort von
Martin Henke**

© 2008 Hans Heppenheimer
Satz, Umschlagdesign, Herstellung und Verlag:
Books on Demand GmbH, Norderstedt
Titelfoto: Matthias Binder
Geleitwort: Martin Henke
ISBN: 978-3-8370-4020-3

Geleitwort

von Angesicht zu Angesicht
Als wir alleine waren, hab ich Menschenkind
zum ersten Mal kapiert
dass alle Menschen nur Menschen sind

Bob Dylan (aus: Eleven Outlined Epitaphs.
Deutsch von Wolf Biermann)

Im Ruhrgebiet der frühen 1970er-Jahre, in Dort-
mund, genau gesagt in Lütgendortmund spielte
sich die folgende Geschichte ab:
Als Schüler der 11. Klasse machte ich ein Prakti-
kum in einem kleinen, inzwischen längst ge-
schlossenen Krankenhaus. Bei seiner Gründung
war es der Stolz des Stadtteils gewesen, zu meiner
Zeit, gut 100 Jahre später, genügte es den mo-
dernen Erfordernissen der gesundheitlichen Ver-
sorgung aber schon längst nicht mehr. Dank der
Kohle, des Stahls und der vielen aus aller Welt
hinzuziehenden Menschen hatte der Ort eine steil
prosperierende Entwicklung genommen. Seit den
1960er-Jahren waren diese Zeiten jedoch unwie-
derbringlich vorbei, das Ende der Zechen schon
beschlossen und größtenteils vollzogen. Der
„Pott" war im Wandel, und wir jüngeren Menschen würden hier ein ganz anderes Leben führen
als unsere Eltern und Großeltern es geführt hatten.

Der alte Mann war seit einigen Tagen im Krankenhaus. Er war so geschwächt, dass mir aufgetragen wurde, ihm beim Essen zu helfen. Während ich ihm Bissen für Bissen reichte und anschließend das Bett nach seinen Wünschen richtete, kamen wir ins Gespräch. Nein, er erzählte mir von seinem Leben. Wie er als „junger Kerl, nach der Einsegnung", auf dem Pütt anfing. Jahrelang unter Tage Dreck und Staub gefressen habe. Das Geld hätte selten gereicht, zum Glück aber habe man sich in der Siedlung geholfen, die Nachbarn hatten eine Sau, er zwei Ziegen, dazu etwas Garten, so wurde man satt. Seine Frau und er seien immer gut miteinander ausgekommen. Dann die Nazis, die die Siedlung immer wieder tyrannisierten. Und als alles schon längst „am Arsch" war, mussten sogar die Kumpels noch in den Krieg. Kaum war das endlich vorbei, ging es wieder in die Kohle. Nun sei die Lunge kaputt und die Kohle würde nicht mehr gebraucht. Froh sei er, dass sie „die Jungens" immer mit der Schule und den Hausaufgaben getriezt hätten, die müssten nicht mehr „runter". Dies alles erzählte er mir, ruhig und abwägend, ja prüfend, ob und welche Dinge er hätte besser machen können. Und ich fragte mich: Warum ich? Warum wählt dieser Mann mich Grünschnabel als Gegenüber für seine Erzählung?

Bald nachdem ich mich von dem Mann verabschiedet hatte, war mein Arbeitstag zu Ende. Als ich am nächsten Morgen zum Frühdienst kam, erfuhr ich, dass der alte Herr in der Nacht verstorben war. Mit einem Schlag hatte ich die Antwort auf meine Fragen vom Vortag: Es war um Rechenschaft gegangen. Er hatte Abschied genommen. Dieser ruhige, von der Krankheit geschwächte und in sich ruhende Mann hat mir mit seinem Sterben das Leben näher gebracht.

Dass zum Leben der Abschied und der Tod gehören, thematisiert auch das vorliegende Buch. Die Abschiedstexte von Pfarrer Hans Heppenheimer stellen die Lebens- und Sterbeerfahrungen von Menschen mit geistigen Behinderungen in den Mittelpunkt. Ich wünsche diesem Buch ein reges Interesse in der Hilfe für Menschen mit Behinderungen und in der Gemeindearbeit. Darüber hinaus soll es als Anregung dienen, gemeinsam mit Menschen mit Behinderungen nach adäquaten Formen des Abschiednehmens und des Trauerns zu suchen.

Martin Henke, Vorstand Mariaberg e. V.

Das Besondere dieser Abschiedsreden

Die vorliegenden Abschiedsreden wurden geschrieben und gehalten in einer Einrichtung für Menschen mit geistiger Behinderung, sowohl für Heimbewohnerinnen und –bewohner als auch für Mitarbeitende, Familienangehörige und Freunde der verstorbenen Personen.

Die Abschiedsreden wurden gehalten in Trauergottesdiensten in der Mariaberger Klosterkirche bei Gammertingen auf der Schwäbischen Alb.* Die meisten der Verstorbenen wurden auf dem Friedhof in Mariaberg beerdigt, wenige in ihre Herkunfts- bzw. Heimatgemeinden überführt, um dort begraben zu werden.

Die Verstorbenen waren Menschen jeden Alters, vom Kindesalter an bis ins hohe Alter.

Sie starben ganz unterschiedlich, manche schnell und überraschend, andere wiederum nach langer Krankheit und Pflegebedürftigkeit. Menschen mit geistiger Behinderung sterben genauso wie „normale" Menschen.

Aber was macht dann den Unterschied aus? Was ist das Besondere dieser Abschiedsreden? Was

*Die vorliegenden Abschiedsreden sind gesprochene Worte. Deshalb ist verschiedentlich auch meine Verwurzelung in der süddeutschen Mundart, sowohl im Satzbau als auch in der Ausdrucksweise erkennbar.

macht sie interessant auch für Außenstehende?

Menschen mit geistiger Behinderung haben oft eine andere Emotionalität wie „nichtbehinderte" Menschen, sie sind in ihren Gefühlsäußerungen oft freier und ungehemmter, sie sagen, was sie denken, sie können oft leichter lachen aber genauso leichter weinen und sicher machen sie sich auch weniger Sorgen.

Geld spielt im Leben von Menschen mit geistiger Behinderung eine sehr untergeordnete Rolle, weil sie arm sind in materieller Hinsicht. Sie haben nur wenig Geld zur Verfügung. Ihre Arbeit wird nicht „entlohnt", sondern sie erhalten nur Taschengeld. Und verglichen mit anderen Menschen, die nicht geistig behindert sind, haben sie weniger Möglichkeit in ihrer Lebensentfaltung, in ihren Arbeitsmöglichkeiten, in ihrer Lebensgestaltung und in ihrer Mobilität.

In diesen Abschiedsreden wird etwas davon spürbar, dass das Leben von Menschen mit geistiger Behinderung trotzdem oft reich ist, reich in einer anderen Hinsicht. Denn Menschen, die gelassen sein können, die sich weniger Sorgen um ihre Zukunft machen, die sich am Augenblick und an jedem Tag erfreuen können, sind auf ihre Weise reich. Es ist kein materieller Reichtum, sondern es ist ein innerer Reichtum.

Der sonntägliche Gottesdienst in der Mariaberger

Klosterkirche ist mit einem regelmäßigen Gottesdienstbesuch von 20 bis 30% der Mariaberger Wohn-Gemeinde immer sehr gut besucht. Und dies ist nicht zuletzt Ausdruck einer besonderen Religiosität von Menschen mit geistiger Behinderung und auch Ausdruck dieses inneren Reichtums. *Gottes Kraft ist in den Schwachen mächtig, (2. Kor. 12,9)* schreibt der Apostel Paulus im Blick auf seine eigene Schwachheit. Und dieser Satz bekommt hier seine eigene Bewandtnis.

Abschiedsreden sind Worte, die Trauer und Abschied von verstorbenen Person thematisieren und sie sind zugleich Rückblicke auf das Leben dieser Menschen. Hier wird am Ende noch einmal zusammengefasst, was wir vom Leben der Verblichenen wissen: Von ihren Freuden und ihren Leiden, ihren Hoffnungen und Enttäuschungen und vielleicht manches von dem, was sich im Leben erfüllt oder auch nicht erfüllt hat.

Was bleibt von Menschen mit geistiger Behinderung? Denn sie setzen sich keine Denkmäler, sie bauen keine Häuser, zeugen und gebären nur in Ausnahmen Kinder, sie schreiben keine Bücher, wenige von ihnen malen Bilder, die sie vielleicht überdauern werden.

In diesen Abschiedsreden wird etwas davon spürbar, was den Reichtum und die Würde des Lebens von Menschen mit geistiger Behinderung ausmacht.

Menschen mit geistiger Behinderung haben diese besondere Emotionalität, die die Wissenschaft als „emotionale Intelligenz" bezeichnet. Aufgrund dieser emotionalen Fähigkeiten haben sie auch eine besondere Fähigkeit zu trauern, Abschied zu nehmen und loszulassen.

Und vielleicht haben sie durch diese Fähigkeit auch einen anderen Zugang zum „Letzten", vielleicht können sie aufgrund dieser Fähigkeit oft mit Gelassenheit und Gottvertrauen sterben.

Manchmal werde ich von Besuchern gefragt, was denn der Unterschied wäre in meiner Tätigkeit als Geistlicher in einer Gemeinde mit Menschen mit geistiger Behinderung im Vergleich zu einer „normalen" Gemeinde. (Ich war vorher lange Jahre Geistlicher in „normalen" Gemeinden.)

In „normalen" Gemeinden spielt die Normalität eine große Rolle: Menschen möchten nicht aus der Rolle fallen, das Leben soll vielfach den Anschein von Normalität haben, auch bei Sterben und Tod.

Bei Menschen mit geistiger Behinderung gibt es diese Normalität nicht. Sie kennen alle die Erfahrung des ausgegrenzt Werdens. Sie wissen, was es bedeutet, nicht richtig dazu zu gehören, keinen oder nur minimalen Kontakt zur Familie und zu Verwandten zu haben, einzig wegen ihrer geistigen Behinderung. Da gibt es keine Normalität.

Menschen mit geistiger Behinderung sind gesellschaftlich nicht integriert, sondern sie wurden in Deutschland immer „sonderbehandelt", in der Schule, in den Arbeitsstätten und Wohn-Möglichkeiten und schließlich in ihrem Sozialleben.

Die meisten der älteren Heimbewohnerinnen und –bewohner wurden im sog. Dritten Reich zwangssterilisiert und es ist ihnen bewusst, wie bedroht ihr Leben damals war, denn wer nicht deportiert und ermordet wurde, hatte einfach Glück.

Vieles von dem spiegelt sich wieder in den vorliegenden Abschiedsreden. Sie führen die Besonderheiten und Eigenheiten des Lebens von Menschen mit geistiger Behinderung ein Stück weit vor Augen. Und sie lassen etwas davon erahnen, warum Gott diesen Menschen eine besondere Aufmerksamkeit geschenkt hat.

Aus dem Munde der Unmündigen . . . hast du eine Macht zugerichtet. (Psalm 8,3)

Musik war ihr Leben

Edeltraud B.

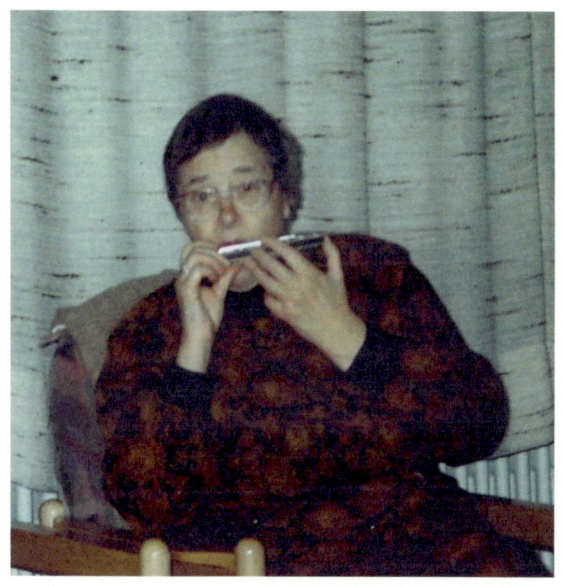

Wir müssen heute zusammen kommen, um Abschied zu nehmen von Frau Edeltraud B.

Sie ist am Mittwochvormittag völlig unerwartet und schnell auf ihrer Wohngruppe ‚Abendrot' gestorben. Traudel B. war 79 Jahre alt.

Ich glaube, wenn ein Mensch so schnell und so unerwartet wie jetzt Traudel B. stirbt, dann hat das ja zwei Seiten:

Auf der einen Seite sagen wir dann, sie hatte einen schnellen, einen leichten, und fast möchte ich sagen, einen sanften Tod. Sie musste nicht leiden, sondern sie konnte mit Leichtigkeit gehen, mit Leichtigkeit ihr Leben beschließen.

Aber die andere Seite ist, dass wir nicht von ihr Abschied nehmen konnten, dass ihr Tod völlig überraschend gekommen ist, dass niemand damit gerechnet hat. Ja, das kann man gar nicht glauben, wenn ein Mensch so schnell stirbt.

Und es macht traurig, betroffen und sprachlos. Vielleicht ist der Schmerz umso größer, wenn ein vertrauter Mensch völlig unerwartet verstirbt.

Völlig unvorbereitet, so von jetzt auf nachher, haben Sie ihre Schwester und Freundin verloren. Traudel B., mit der Sie viele Jahrzehnte des Lebens geteilt haben.

Und ich glaube, wenn wir ein so schnelles Sterben erleben, wie jetzt bei Edeltraud B., dann werden wir auch gewahr, wir zerbrechlich unser Leben ist, dann denken wir wieder daran, dass wir von einem Atemzug zum anderen das Leben sozusagen aushauchen können.

Und Leben ist ja einfach Atmen. Einatmen und Ausatmen. Und mit jedem Atemzug entscheidet sich das Leben neu.

Wir merken das Atmen normalerweise ja gar nicht. Es geht automatisch. Der Atem kommt und der Atem geht. Einatmen und Ausatmen.

Aber stellen wir uns vor:

Der Atem sei der Hauch Gottes, der unser Leben ausmacht. Er sei der Hauch Gottes, der sich mit jedem Atmen für unser Leben neu entscheidet.

Der Hauch Gottes, der unser Leben macht, der mit jedem Atemzug uns seinen Lebensodem neu einbläst. Wir werden von Gott beatmet.

Als Traudel B. am Mittwochvormittag gestorben war, da war es in der ersten Zeit danach, ich weiß nicht mehr wie lange, so, als ob sie noch atmen würde, obgleich sie nicht mehr atmete. Ich hatte das Gefühl, sie würde noch atmen, obwohl der Arzt schon ihren Tod festgestellt hatte.

Und mir war es so, als ob der Atem Gottes ihr noch ganz nahe war, noch ganz um sie war.

Und es ist im Grunde ja nur ein Windhauch, der Atem Gottes, ein schwacher Windhauch, damit wir leben können und ein schwacher Windhauch, damit wir sterben können.

Diesen Windhauch, den Gott wieder zu sich nimmt und damit unser Leben auch wieder zu sich zurückruft.
Der Lebensatem von Traudel B., den Gott nun wieder zu sich genommen hatte.

Wir stehen jetzt am Sarg und nachher am Grab von Edeltraud B. Wir müssen Abschied nehmen und wir schauen zurück auf ihr Leben.
Denn der Tod bedeutet ja, es ist vorbei, es kann nichts mehr hinzugefügt werden, es kann aber auch nichts mehr weggenommen werden.

Edeltraud B. wurde zusammen mit ihrer Zwillingsschwester Ellen am 8. März 1928 in Stuttgart geboren. Sie waren eineiige Zwillinge. Und sie waren beide ihr Leben lang auf eine besondere Weise miteinander verbunden. Sie hatten eine schwierige familiäre Situation.*
In den ersten Lebensjahren waren sie zuerst getrennt bei verschiedenen Pflegefamilien und danach in verschiedenen Kinderheimen untergebracht.
Den Kindergarten in Oberjettingen besuchten sie dann wieder gemeinsam. Auch in die Schule in

---

* Ihre Mutter war Magd auf einem Bauernhof und wurde vom Bauern schwanger. Es war eine ungewollte Schwangerschaft und die Frau versuchte ihre Leibesfrucht abzutreiben, was ihr aber nicht gelang. Traudel und Ellen B. waren aufgrund dieser versuchten Abtreibung nach der Geburt geistig behindert. Ihre Mutter wollte sie nicht selbst versorgen.

der Diakonie Stetten im Remstal gingen sie gemeinsam.

Am 23. Nov. 1940, mit 12 Jahren, wurde Traudel B. dann zusammen mit ihrer Schwester Ellen in Mariaberg aufgenommen.

Traudel B. wohnte viele Jahre in der ‚Mühle' unten im Tal. Während dieser Zeit arbeitete sie im Speisesaal und in der Küche.

1972 zog sie ins Klostergebäude zur Gruppe ‚Abendrot', sie kam dann auch in die Werkstatt, in die Abteilung ‚Kabelkonfektion'. In der ‚Kabelkonfektion' arbeitete sie bis zum Ruhestand und sie war sehr stolz auf diese Arbeit. 1984 zog sie mit der Gruppe ‚Abendrot' in die ‚Burghaldenstraße 14'.

Im Ruhestand ging sie zuerst regelmäßig in den Altenkreis und später in die Seniorenbetreuung.

Aber nicht nur die Arbeit, sondern auch die Freizeit war für Traudel B. sehr wichtig.

Denn sie musizierte sehr gerne, sie konnte auf der Flöte oder Mundharmonika unzählige Melodien auswendig spielen, sie brauchte keine Noten. Sie sang auch gerne im Chor und im Tanz war ihre ganze Leidenschaft. Früher, als sie noch rüstiger war, da war sie oft in der Natur. Sie kannte sich mit Blumen aus und wusste deren Namen.

Freizeiten und Busfahren liebte sie über Alles und sie wusste auch gutes Essen zu genießen.

Ja, man muss sagen, Traudel B. war auf ihre Weise eine Lebenskünstlerin, sie konnte das Leben genießen. Viele Jahre war sie mit Brunhilde K. befreundet.

Wir schauen zurück auf ihr Leben und müssen dabei Abschied nehmen.

Diese Stunde des Abschieds wollen wir unter einen Vers aus Psalm 23 stellen, wo es heißt:

Der Herr ist mein Hirte, mir wird nichts mangeln. Er weidet mich auf einer grünen Aue und führet mich zum frischen Wasser. (Psalm 23,1)

Dieser Vers war ein Lieblingsvers der Verstorbenen Edeltraud B.

Aus diesem Vers spricht eine große Gelassenheit. *Der Herr ist mein Hirte, mir wird nichts mangeln.*

D. h. ja, der Herr schaut nach mir, ich brauche mir keine Sorgen zu machen. Keine Sorgen um das Heute und auch keine Sorgen um das Morgen. Denn der Herr weiß, was ich brauche. Er wird mich dorthin führen, wo ich alles finden kann:

Auf gute Weide und zum frischen Wasser.

Was will ein Mensch noch mehr, wenn er oder sie dies sagen kann.

Das ist Alles, was wir zum Leben benötigen. Viele und große Sorgen machen das Leben ja nicht reicher, sondern sie machen es ärmer, weil das Leben dann mit Angst erfüllt ist.

23

Vielleicht hatte das Leben von Traudel B. etwas von dieser Sorgenfreiheit. Dass sie einfach auf Gott vertrauen konnte, auf seine Fürsorge, auf seine Vorsehung, auf ihren guten Hirten. Im Petrusbrief heißt es: *Alle eure Sorgen werft auf ihn, denn er sorgt für euch.(1.Petr. 5,7)*

Und das gilt ja auch für den Schluss, für das Ende, wenn wir von dieser Erde gehen.
Dass Gott auch hier der gute Hirte für uns sein will, dass Gott auch am Ende weiß, was wir brauchen und wie ein guter Hirte für uns sorgen wird.
Ein guter Hirte im Leben und im Sterben.

Vielleicht braucht ein Mensch dieses Vertrauen in Gott, damit er oder sie so leicht und schnell sterben kann wie jetzt Traudel B.
Vielleicht braucht es dieses Vertrauen in Gott und die Gelassenheit im Leben, um auch den Tod als letztes ohne Zagen und Zögern annehmen zu können.

Und ich habe das Gefühl, dass dieser letzte Schritt für Traudel B. ein leichter war.
Aber uns, die wir noch leben, bleibt die Trauer, dass sie nicht mehr da ist.
Denn mit ihrer Art zu leben und mit dem Leben umzugehen, war sie in ihrer Wohngruppe und bei vielen anderen Menschen in Mariaberg sehr beliebt.

Wenn ein Mensch geht, dann lässt er ja auch etwas zurück. Das Erbe für die Hinterbliebenen. Und was lässt Traudel B. zurück?

Vielleicht ihre Gelassenheit, ihre Begeisterung für die Musik, ihr Vertrauen in Gott? Wir wollen dies in unseren Herzen bewahren, auch wenn sie selbst nicht mehr da ist. Wir wollen darauf vertrauen, dass Gott auch uns dieses Vertrauen schenken mag. Das Vertrauen in den guten Hirten, auf den wir all unsere Sorgen werfen können, der weiß, was wir brauchen, im Leben und im Sterben. Der uns begleiten will in dieser Zeit des Abschieds und der Trauer.

Der Traum von Amerika

Annemarie E.

Wir müssen Abschied nehmen von Frau Annemarie E., die am vergangenen Dienstagnachmittag im Krankenhaus in Sigmaringen nach einer langen und schweren Krankheit gestorben ist.

Heute werden wir sie auf dem Mariaberger Friedhof zu Grabe tragen und nehmen dadurch sichtbar wahr, dass sie nicht mehr unter den Lebenden ist.

Wenn wir erleben wie ein Mensch, so wie jetzt Annemarie E. krank wird und wenn sich dann Hoffnung und Enttäuschung abwechseln, bis schließlich das Ende kommt, so werden wir auch gewahr wie befristet und gebrechlich unser Leben ist. Wir werden gewahr, wie sehr unser Leben nicht in unserer Macht liegt und nicht in unserem Vermögen.

Vielleicht müssen wir dann auch erkennen, dass jedes Leben eigen ist, seinen eigenen Lebensbogen hat, seinen jeweils eigenen Ursprung und sein eigenes Ziel.

Wir nehmen heute Abschied und erinnern uns an das Leben von Anni E.

Und Abschied, das ist nicht nur diese Stunde, wo wir sie zu Grabe tragen müssen und ihren Tod äußerlich annehmen müssen. Abschied ist mehr. Abschied ist, dass wir uns an ihr Leben erinnern und auch an das, was uns mit ihr verbunden hat: Gemeinsames Leben, gemeinsame Arbeit, gemeinsames Schicksal, auch Freude und Trauer, die mit ihr geteilt wurde.

In der Zeit der Trauer um Anni E. mag auch manches aus unserer Erinnerung wieder auftauchen, was längst vergessen schien, was längst vergangen war und in den inneren Bildern wieder plötzlich da ist, als sei es erst gestern gewesen.

Abschied ist, dass die Verstorbene in unseren Gedanken wieder lebt.

Wir wollen uns heute deshalb der wichtigsten Stationen im Leben von Anni E. erinnern:

Annemarie E. wurde am 12. März 1940 in Wien geboren. Sie war das jüngste von vier Kindern ihrer Eltern. In Bietigheim wuchs sie auf. Als sie 6 Jahre alt war, war sie einige Zeit in Mariaberg untergebracht. In dieser Zeit entschlossen sich ihre Eltern, in die Vereinigten Staaten von Amerika auszuwandern. Aber Annemarie E. bestand die Gesundheitsprüfung für die Aufnahme in dieses Land nicht, denn Menschen mit geistiger Behinderung dürfen nicht in die USA einwandern und so blieb Anni E. notgedrungen in Mariaberg, während ihre Eltern mit ihren drei Brüdern ohne sie in das neue Land auswanderten.

Sicher muss es sehr schmerzlich für sie gewesen sein, als Kind hier im Heim zurück zu bleiben. Und die Briefe und Päckchen, die sie von ihrer Familie aus Amerika erhielt, waren bis zuletzt immer etwas ganz Besonders, waren sie doch

Zeichen der Verbundenheit mit den Eltern und den Brüdern.

Auch nach dem Tod ihrer Eltern kamen ihre Brüder bis zuletzt immer wieder in größeren Abständen nach Deutschland, um Annemarie E. hier in Mariaberg zu besuchen.

Und für Annemarie E. war es sicher ein Höhepunkt in ihrem Leben, dass sie selbst einmal in Begleitung einer Mitarbeiterin nach Amerika reisen durfte, um ihre Familie dort zu besuchen.

In Mariaberg besuchte Annemarie E. zuerst die Schule. Danach arbeitete sie viele Jahre im hauswirtwirtschaftlichen Bereich, in der Wäscherei und im Nähzimmer, bis zu ihrer Erkrankung vor anderthalb Jahren. In ihrer Freizeit ging sie regelmäßig in den Heimbewohnerchor. Sie malte auch gerne. Viele Jahre war sie mit Wilhelm S. befreundet, der aber 1996 gestorben ist. Sie war 55 Jahren in Mariaberg.

Als sie nun krank wurde, war dies eine Zeit mit vielen Behandlungen und Krankenhausaufenthalten. Aber auch eine Zeit, in der Annemarie E. aus einer großen inneren Zuversicht heraus gelebt hat. Mich hat es sehr beeindruckt, welche Ruhe sie ausgestrahlt hat, und dass sie sich ihre Schmerzen, die sie sicher hatte, nicht anmerken ließ. Sie empfing alle Besucher mit einer großen Ausstrahlung und Freude. Und es war ihr bewusst, dass ihre Tage gezählt waren.

Aber auch in der Zeit ihrer Krankheit hatte sie sich ihre Schlagfertigkeit und ihren Humor bewahrt. Nun ist sie in Sigmaringen im Kreis-Krankenhaus unerwartet schnell gestorben, begleitet bis zum Ende von Mitarbeiterinnen ihrer Wohngruppe und von früheren Arbeitskolleginnen.

Als Bibelwort für diese Stunde des Abschieds haben Sie, liebe Mitarbeiterinnen der Wohngruppe ‚Dornröschen', einen Vers aus Jesaja 43 ausgewählt, in dem es heißt:

Fürchte dich nicht, denn ich habe dich erlöst, ich habe dich bei deinem Namen gerufen, du bist mein. (Jes. 43,1)

Wenn wir heute am Sarg von Anne E. versammelt sind und auf ihr Leben zurückschauen, da ist sicher auch die Frage: Warum musste ihr Leben so verlaufen, warum musste sie jetzt, noch verhältnismäßig früh, mit 63 Jahren sterben?

Es gibt auf diese Frage sicher keine Antwort. Wir wissen nicht, wieso es so sein musste. Es gibt auch keine Erklärung, denn das Leben ist uns letztlich unerklärlich. Wir empfangen es und wir werden aus diesem Leben gerufen, wie es oft heißt. Irgendwie ohne unser Zutun.
Und ich glaube, wir können dies auch nur ertragen, wenn wir uns trotz aller Ungewissheiten, trotz aller unerklärbaren Umstände, trotz aller

Unsicherheiten unseres Lebens in Gott geborgen wissen.

Sicher konnte auch Annemarie E. ihr Leben, ihr Leiden und schließlich ihren Tod mit ihrer Gelassenheit tragen und annehmen, weil sie sich in Gott geborgen fühlte.

Weil da etwas spürbar war in ihrem Leben von diesem Bibelvers:

Fürchte dich nicht, denn ich habe dich erlöst, ich habe dich bei deinem Namen gerufen, du bist mein. (Jes. 43,1)

Wir wollen darauf vertrauen, dass Gott sie aus all ihren Schmerzen, all ihren Hoffnungen und Enttäuschungen freigemacht und erlöst hat. Dass Gott sie gerufen hat bei ihrem Namen: Anni.

Und es war auch das einzige Wort, das sie schreiben konnte: Anni.

Dieses Wort, das sie als Person ausgemacht hat. Wir wollen darauf vertrauen, dass sie in Gott geborgen war und ist. Im Leben, im Sterben und im Tod.

Das Wichtigste ist Geduld

Gabriele H.

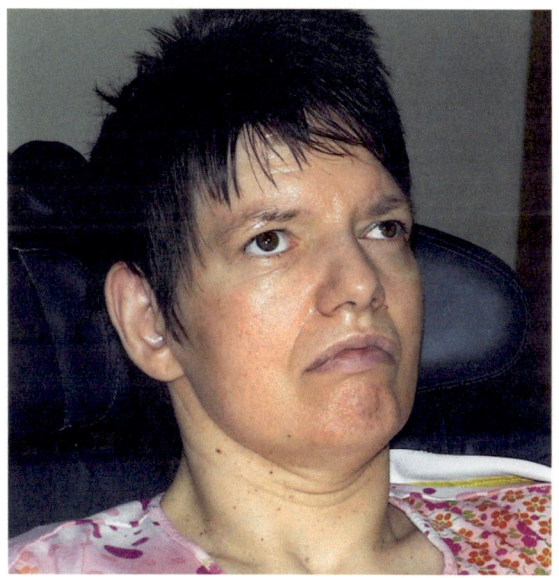

Wir nehmen heute Abschied von Frau Gabriele H., die am vergangenen Mittwoch-Vormittag auf ihrer Wohngruppe ‚Murmeltiere' unerwartet schnell gestorben ist. Sie wurde 44 Jahre alt.

Ihr Tod kam in dieser Weise sehr unerwartet, aber im letzten halben Jahr hat Gabriele H. oft geklagt und damit gezeigt, dass es ihr nicht gut ging, auch dass sie Schmerzen hatte. Und im Nachhinein erkennen wir, dass sich ihr Tod auf diese Weise schon angekündigt hat. Sie war auch schon über 10 Jahre sehr krank, konnte nicht mehr gehen und auch nicht mehr sprechen.

Aber trotzdem, wenn ein Mensch stirbt, so wie jetzt Gabriele H., braucht es Zeit, diesen Tod anzunehmen. Trotzdem braucht es Zeit, es anzunehmen, dass sie nicht mehr da ist.

Dass sie nicht mehr besucht und dass sie nicht mehr gepflegt werden kann, dass sie keine Aufmunterung von der Gruppe braucht, und sich niemand mehr erkundigen kann nach ihrem Befinden, ob es ihr gut geht oder nicht so gut. Sie braucht keine Musik mehr und keine Berührung.

Ja, sie ist einfach nicht mehr da. Und wenn ein Mensch dann beerdigt wird, so ist das ein Zeichen für uns: Dieser Mensch ist nicht mehr unter den Lebenden, sondern sie ist unter der Erde.

Gabriele H. wird am Montag in Stuttgart-Untertürkheim, dort wo sie aufgewachsen ist, auch beerdigt werden.

Es braucht seine Zeit, den Tod nicht nur äußerlich, sondern mit dem Herzen anzunehmen. Und bei jedem Tod, den wir erleben, sind auch alte Trauersituationen wieder gegenwärtig.

Denn jeder Tod macht unser Leben ärmer. Wir verlieren einen Menschen, der uns nahe war.

Eltern verlieren eine Tochter, der Kreis der Geschwister ist nicht mehr vollständig, Nichten und Neffen verlieren eine Tante. Auch die Wohngruppe verliert eine vertraute Mitbewohnerin.

Und sicher ist auch der Tod der Mutter von Gabriele H., die vor einigen Jahren gestorben ist, an einem solchen Tag wieder ganz gegenwärtig.

Auch wenn Gabriele H. durch ihre fortschreitende Erkrankung im Leben sehr beeinträchtigt war, so hat sie ihre Familie und ihre ganze Umgebung doch auf ihre Weise geprägt.

Und man wünscht sich im Leben Gesundheit. Wie jetzt an Neujahr vor wenigen Tagen. Man wünscht sich, dass alle Familienmitglieder, alle Freunde und Verwandten, ja alle Menschen, mit denen wir umgehen, gesund sind und bleiben.

Aber wir können uns das Leben nicht aussuchen. Wir können nicht darüber entscheiden, wie unser Leben verläuft, ob wir es leicht haben im Leben oder schwer. Ob unser Leben von einer Krankheit geprägt wird oder nicht.

Im Grunde können wir das Leben nur nehmen. Annehmen, so wie Gott es uns gegeben hat und jeden Tag wieder neu gibt.

Und wenn wir heute in dieser Gemeinde in Mariaberg Abschied nehmen, so heißt das auch:

Wir führen uns das Leben der Verstorben nochmals vor Augen. Die Stationen ihres Lebens.

Vieles wird dabei im Verborgenen bleiben, denn wenn ein Mensch nicht sprechen kann, wie Gabriele H. in den letzten 10 Jahren, so sind Menschen, die sie begleiten, nur auf Vermutungen und Zeichen angewiesen. Und da gibt es auch viel Unsicherheit: Was hat sie verstanden, was würde sie gerne sagen, sind unsere Zeichen und Worte bei ihr angekommen?

Gabriele H. wurde am 25. März 1962 in Stuttgart-Bad Cannstatt geboren. Sie war das zweite von 4 Kindern ihrer Eltern Rudolf und Hilde. Sie wuchs im Elternhaus in Stuttgart auf, besuchte den Kindergarten, war danach auf der Sonderschule in Bad Cannstatt.

1981, mit 19 Jahren, kam sie zu den Karl-Schubert-Werkstätten in Filderstadt. Dort blieb sie bis 1990 und fuhr dabei jeden Tag mit dem Bus zur Arbeit.

1985 war sie zum ersten Mal im Fachkrankenhaus in Mariaberg, danach nochmals im Jahr 1988, ehe sie 1990 ganz nach Mariaberg umgezogen ist und hier in der Gruppe ‚Murmeltiere' gelebt hat.

Der Umzug nach Mariaberg fiel ihr sehr schwer. Auch wenn sie alle zwei Wochen von ihren Eltern, aber auch von Geschwistern, Verwandten und Freunden besucht wurde, so hatte sie doch lange Zeit Heimweh. Musste sie doch das Elternhaus und die vertraute Umgebung verlassen und sich auf ganz neue Gegebenheiten einlassen. Über jeden Besuch hat sie sich deshalb sehr gefreut.

Vor über 10 Jahren erkrankte Gabi H. an MS und die Krankheit schritt sehr schnell fort. Sie konnte danach nicht mehr gehen, nicht mehr sprechen und war in den letzten Jahren vollständig auf Pflege angewiesen.

Vor 6 Jahren verstarb ihre Mutter und nun ist sie selbst infolge dieser schweren Erkrankung gestorben. Und vielleicht können wir nur sagen, wir sind dankbar, dass sie so lange unter uns sein konnte.

Ich möchte diese Stunde des Abschieds unter einen Bibelvers aus Psalm 103 stellen, wo es heißt:
Barmherzig und gnädig ist der Herr, geduldig und von großer Güte. (Psalm 103,8)

Vielleicht ist Geduld das Wichtigste, wenn das Leben nicht so verläuft wie wir es von uns selbst und von anderen erwarten. Es braucht Geduld, wenn Entwicklungen eines Lebens ihren eigenen Weg gehen. Wir müssen Geduld haben mit uns selbst und mit anderen. Und Sie, liebe Fam. H., haben sicher viel Geduld gebraucht mit Gabi H. und sie war auf ihre Geduld angewiesen. Und vielleicht ist Geduld auch das, was uns im Leben trägt. Zu wissen, meine Familie, meine Freunde lassen mich nicht fallen, auch wenn mein Leben nicht berechenbar und schwierig geworden ist.

Und es braucht auch Geduld, einander so anzunehmen, wie wir sind. Mit unseren jeweiligen Eigenheiten, Prägungen und Schwierigkeiten. Und oft braucht es ja auch Geduld, die Gaben eines anderen Menschen zu entdecken, wenn sie im Verborgenen liegen.

Auch die Gaben von Gabi H. lagen im Verborgenen. Denn wenn ein Mensch auf Pflege angewiesen ist, so kann er oder sie nicht so einfach geben, sondern nur auf Umwegen.

Und sicher ist es eine wichtige Gabe, die Liebe und Zuwendung von anderen, von Eltern und Geschwistern, von Mitbewohnerinnen und Mitarbeitenden anzunehmen und sie spüren zu lassen: Das, was sie für mich tun, das kommt an. Denn nur die zwischenmenschlichen Gefühle machen das Leben spannend und interessant. Denn wir leben nicht vom Brot allein, wie die Bibel sagt, sondern von einem jeden Wort, das durch den Mund Gottes geht. Das von Gott beseelt wird. Und Worte, das sind mehr als Worte, das sind auch Zeichen und Handlungen, das sind auch Gesten und Augenblicke.

Aber dies alles zu entdecken braucht unsere Geduld miteinander.

Geduld mit anderen Menschen und mit sich selbst will auch gelernt werden. Es ist ein Lernprozess im Umgang mit sich und mit anderen. Und Geduld können wir einfacher erlernen, wenn sie aus dem Gefühl heraus wächst: Gott hat mit mir Geduld.

Er ist nachsichtig und gnädig, bei dem, was ich falsch mache, was mir nicht gelingt. Gott ist nachsichtig, dort wo ich ungeduldig bin. Er ist *barmherzig und gnädig, geduldig und von großer Güte.*

Und das mag uns helfen, uns selbst und einander im Abschied so anzunehmen, wie wir sind. Und Gott mag uns auch helfen, das Leben der Verstorbenen Gabi H. so anzunehmen, wie es war, und dankbar zu sein für das, was sie uns geben konnte, und zu entdecken, dass ihre entscheidenden Gaben im Verborgenen lagen und nur mit den Augen des Herzen sichtbar waren.

Und Gott möge uns helfen, von diesen Gaben lange zu leben, wie von einem Wort, das durch seinen Mund gegangen ist.

Leben ist Reifwerden für die Ewigkeit

Hannelore B.

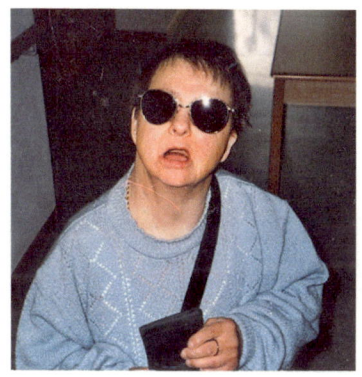

Wir sind heute zusammen gekommen, um Abschied zu nehmen von Frau Hannelore B., die am Montagvormittag auf der Krankenstation unerwartet schnell gestorben ist.

Wenn wir einen Mensch zu Grabe tragen müssen, so wie heute Hannelore B., so werden wir als Zurückbleibende daran erinnert, dass uns das Leben nur auf Zeit geliehen ist und dass unser Leben ein Ziel hat.

Wir werden auch daran erinnert und vielleicht gewahr, dass unser Leben durch einen anderen vollendet wird.

Unser Leben ist ja ein Reifeprozess. Wir werden genauso reif wie Früchte an einem Baum oder an einem Strauch. Bei den Früchten, da können wir das Reifen sehen und auch schmecken.

Nur das eigene Reifwerden, das können wir nicht sehen und erkennen. Wir können es nur erahnen, aber unseren Augen ist es verborgen. Es ist ein Reifwerden für die Ewigkeit. Ein Reifen auf Gott hin. Und dieses Reifwerden können wir aber selbst nicht machen, sondern es geschieht einfach mit uns. Und wir können auch nicht erkennen, wann wir reif sind für die Ewigkeit.

Denn der Tod kommt für uns immer irgendwie überraschend. Oft sagt man dann, dass ein Mensch zu früh gestorben ist, wenn er vielleicht noch Pläne und Hoffnungen hatte. Oder man kann es kaum erwarten, dass ein Mensch stirbt, wenn das Leben schwer ist und voller Leiden, sodass man es kaum ertragen kann, wenn man nichts mehr tun kann, sondern nur einfach zu schauen muss.

Im Blick auf den Tod ist das Leben für uns Menschen völlig unberechenbar. Wann wir reif sind für Gottes Ewigkeit, entzieht sich einfach unserem Verstand und unserer Einsicht.

Wir stehen heute am Sarg von Hannelore B., und wir können nicht auf das schauen, was nach dem Tod kommt, sondern wir können nur zurückschauen, auf das, was war, was wir mit ihr erlebt haben, wo sie Teil unseres Lebens war.

Denn kein Mensch lebt für sich allein, sondern die Menschen, mit denen wir umgehen, sind auch immer Teil des eigenen Lebens.

Seien es die Eltern, Geschwister, Kinder, Verwandte, Freunde, Nachbarn oder Mitbewohner einer Wohngruppe. Sie sind immer Teil des eigenen Lebens.

So wie ein Kind schon im Mutterleib ein Teil im Leben der Mutter ist und umgekehrt die Mutter ein Teil im Leben des Kindes.

Beide sind am Anfang unzertrennlich. Auch nach der Geburt gehören sie immer noch zusammen. Aber nun nicht mehr leiblich, denn die leibliche Einheit ist mit der Geburt vorbei, sondern im Geistigen.

Im Geistigen, da sind wir mit allen Menschen, mit denen wir umgehen, verbunden. Und nicht immer so, wie wir es uns aussuchen würden. Denn wir sind verbunden im Leichten und im Schweren. Mit Menschen, mit denen es uns leicht fällt, umzugehen, aber wir sind auch verbunden mit den Menschen, an denen wir uns reiben, die uns ärgern, die wir vielleicht dorthin wünschen, „wo der Pfeffer wächst" – wie das Sprichwort sagt.

Und wir können uns die Menschen nicht einfach aussuchen, sondern es ist einfach Zufall, wer uns in diesem Leben begegnet. Es fällt uns zu. Ein anderer fügt da etwas zusammen. Und wir können es nur so nehmen, wir er es macht.

Abschied ist zurückschauen, wir können nicht in die Zukunft schauen, denn mit dem Tod trennen sich auch unsere Wege.

Aber wir können zurückschauen auf den Weg den wir gemeinsam gegangen sind:

1996, vor 11 Jahren, zog Hannelore B. zusammen mit ihrer Schwester nach Mariaberg. Nach kurzer Zeit auf der Krankenstation lebte sie 10 Jahre auf der Gruppe ‚Talblick' im ‚Klosterhof 3'. Gemeinsam mit ihrer Schwester Frieda. Vor 6 Jahren ist ihre Schwester gestorben. Die letzten Monate vor ihrem eigenen Tod verbrachte Hannelore B. noch im Haus ‚Klosterhof 2'.

Hannelore B. war eine sehr lebensfrohe und fröhliche Frau. Sie liebte das Leben. Sie liebte die Gesellschaft und die Gemeinschaft mit anderen. Sehr gerne machte sie Ausflüge und sie war auch sehr gerne in Mariaberg.

Obwohl sie von ihrem Elternhaus auf dem Bauernhof her die harte Arbeit gekannt hat, so hat sie auch die andere Seite des Lebens genossen:

Sie liebte es, sich schön zu kleiden, sich zu schmücken und sie hatte ihren Stolz.

Ja, und obwohl sie nur sehr schlecht sprechen konnte, verstand sie es doch, deutlich zu machen, was sie mochte und was nicht und sie konnte ihren Willen auch durchzusetzen.

Nach dem Tod ihrer Schwester Frieda ging es aber auch ihr immer schlechter, sie konnte immer weniger laufen und war in der letzten Zeit ganz auf den Rollstuhl angewiesen.

In den letzten Jahren, da gab es auch Zeiten, wo es ihr sehr schlecht ging und es hatte den Anschein, dass ihr Leben bald zu Ende ginge. Aber immer wieder hat sich Hannelore B. erholt, bis sie nun Anfang dieser Woche an einer weiteren Schwäche starb. Am 26. Aug. wäre sie 65 Jahre alt geworden.

Beim Nachdenken über einen Bibelvers für diese Stunde des Abschieds bin ich immer wieder am „Gleichnis vom Feigenbaum" (Lk 13,7ff) hängen geblieben. Dort soll ein Baum herausgehauen werden, weil er keine Früchte bringt. Dann sagt der Pächter zum Eigentümer des Grundstücks in dieser Geschichte sinngemäß:

„Lass ihm noch ein Jahr Zeit, wenn er dann immer noch keine Früchte bringt, dann kannst du ihn ja raus hauen." (Lk 13,8.9)

Bei diesem Gleichnis denke ich an einen Baum in meinem Garten zuhause, den ich absägen wollte, weil er keine guten Früchte brachte. Und der Baum bekam dann doch noch ein Jahr Zeit, wie im Gleichnis, und hatte dann in diesem Jahr – wie durch ein Wunder – wunderbare Früchte.

Aber vielleicht geht es in diesem Gleichnis gar nicht um Früchte, die wir schmecken und essen können. Sondern vielleicht sind es Früchte für die Ewigkeit. Und es ist einfach noch nicht so weit. Wir sind noch nicht so weit. Wir schauen zurück auf das Leben der Verstorbenen Hannelore B. Auf dieses Auf und Ab, auf die Zeiten der Schwäche und die Zeit, in der sie sich etwas erholen und Kräfte sammeln konnte. Dabei ist es uns verborgen, warum es einmal so und einmal so geht, warum es besser geht und dann wieder schlechter, und dann vielleicht völlig unerwartet schnell zu Ende geht.

„Lass ihr noch ein Jahr Zeit" – Vielleicht müssen ihre Früchte noch reifen für die Ewigkeit. Und erst wenn sie reif sind, dann wird sie gerufen, dann kann sie kommen, dann kann sie sterben.

Und vielleicht war es geschenkte Zeit für Hannelore B. Es ist ja immer geschenkte Zeit. Denn wir können sie nicht bestimmen. Genauso wenig, wie wir unsere Bestimmung erahnen können.

Sondern wir können nur dankbar sein für unsere Zeit. Für jede Stunde, jeden Tag und auch für jedes Jahr, das wir geschenkt bekommen. Und wir wollen auch dankbar sein für Hannelore B., die uns geschenkt war, mit ihrer Lebendigkeit, ihrer Energie, ihren vertrauensvollen Augen und mit ihrer Liebe.

Ja, und es mag sein, dass gerade die letzte Zeit, diese geschenkte Zeit, wo wir es vielleicht gespürt haben: sie hat noch ein Jahr bekommen, wie dieser Feigenbaum im Gleichnis. Vielleicht war gerade diese Zeit eine Zeit, die am schönsten war, eine Zeit mit den Früchten, die fast reif waren, wie an einem Baum, aber bei uns Menschen, reif für die Ewigkeit.

Wir wollen dankbar sein, dass sie uns so lange geschenkt war. Und unser Leben durch ihre Art bereichert hat.

Denn wir wissen sie nun geborgen bei Gott, der den Reichtum unseres Lebens macht. Der aus Wenig viel machen kann, der aus Trauer Freude wachsen lässt, der aus Heimweh Geborgenheit werden lässt und der uns auch in unserer Trauer um Hannelore B. zu tragen weiß und ihre Lebendigkeit uns bewahren wird.

Gottes Kraft ist in den Schwachen mächtig

Nina M.

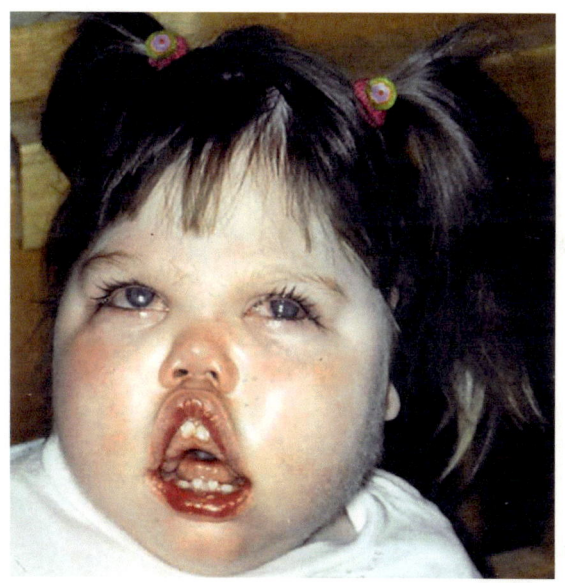

Wir kommen heute zusammen um Abschied zu nehmen von der kleinen Nina M., die im frühen Alter von 3 Jahren und 3 Monaten am Samstag-Nachmittag im Kreis-Krankenhaus in Reutlingen gestorben ist.

Nina M. war seit Sept. 2004 in Mariaberg in der Gruppe ‚Kunterbunt'. Sie war ganz auf die Pflege und Zuwendung der Mitarbeiterinnen angewiesen. Sie konnte kaum eine Regung zeigen. Wir wissen auch nicht, was sie aufgenommen und mitgenommen hat.

Die Ärzte gaben ihr nur wenig Zeit zu leben und nun hat sie doch noch viel länger gelebt. Wir müssen ein Kind zu Grabe tragen im zarten Alter. Sein Leben hatte keine Zukunft mehr. Ein früher Abschied von dem, was alles hätte sein können im Leben eines Menschen, ein Abschied von all dem, was wir uns vielleicht unter Leben vorstellen und wünschen.

Sie hat in ihrem Leben nicht die Geborgenheit erfahren, die ein Mensch zum Leben braucht und die wir einem Menschenkind sicher wünschen.

In der Traueranzeige für Nina haben Sie, die Mitarbeiterinnen der Wohngruppe, geschrieben:

„Nina war vollkommen auf unsere Fürsorge angewiesen.

Sie konnten nichts einfordern, sondern nur annehmen, was wir ihr geben konnten. Sie hat geduldig alles ertragen. Sind wir ihr gerecht worden?

Wir haben ihr gegeben, was wir konnten.

Wir sind an ihr gewachsen, denn sie hat uns immer wieder an unsere Grenzen gebracht. Sie wurde uns geschenkt und wir haben für sie eine große Verantwortung übernommen.

Wir mussten sie einfach annehmen, denn da war kein Lächeln, sie konnte wenig zeigen. Da war nur ihr Atem. Vielleicht der Hauch Gottes. Wir sind dankbar, dass sie unser Leben berührt hat."

Ja, sie hat Ihr Leben berührt. Denn Sie haben mir erzählt, dass es etwas ganz besonderes war mit Nina. Dass man nur an ihrem Atmen gesehen hat, ob sie entspannt war und ob sie zufrieden war. Dann, wenn sie gleichmäßig geatmet hat.

Diese Stunde des Abschieds von Nina M. möchte ich unter ein Bibelwort aus Psalm 8 stellen, wo es heißt:

Aus dem Munde der Unmündigen und Säuglinge hast du eine Macht zugerichtet. (Psalm 8,3)

Nina war im wahrsten Sinne des Wortes unmündig, denn sie konnte nichts sagen, vielleicht hätte sie viel zu sagen gehabt, aber sie konnte es nicht, denn ihr Mund war verschlossen und sie war wie ein Säugling, denn sie musste getragen werden, fast wie ein Neugeborenes. Sie musste umhegt und gepflegt werden. Und sie konnte auch kein Zeichen des Dankes von sich geben, wie ein Kind, das lächeln würde oder seine Mutter in den

Arm nehmen oder auf ihre Stimme reagieren würde.

Und trotzdem ging von ihr eine Macht aus, trotzdem konnte sie Menschen, die um sie waren, auf eine ganz eigenartige Weise berühren. Trotzdem hat sie Menschen gefunden, die sie geliebt haben.

Als Sie mir von Nina erzählt haben, da bin ich gedanklich immer wieder am Atem von Nina hängen geblieben. Denn der Atem war das sichtbarste Zeichen vom Wohlbefinden oder von Verspannung bei Nina. Ob es ihr gut ging oder ob ihr etwas gefehlt hat.

Der Atem ist ja sonst etwas selbstverständliches, dass wir kaum darauf achten. Denn über das Atmen müssen wir nicht nachdenken, es geht automatisch, zumeist unmerklich. Aber der Atem ist nicht zuletzt das Lebenszeichen jedes Menschen, ja von allem Leben.

Denn wenn ein Mensch nicht mehr atmet, dann stirbt er. Der Mensch haucht sozusagen, sein Leben aus.

In den alten Bildern und Vorstellungen ist der Atem auch der Hauch Gottes. Der Geist Gottes ist wie ein Windhauch, er weht, er ist einfach Luft. Aber dieser Geist ist auch Leben im Atmen von uns Menschen, im Atmen von Nina Müller.

Auch ein Zeichen dafür, dass wir nicht aus uns selbst heraus leben, sondern durch den Willen Gottes. Durch seinen Geist und seinen Lebensodem. Gott hat dem Menschen das Leben eingehaucht, heißt es im Schöpfungsbericht. (1. Mose 2,7)

Und sicher war auch der Atem von Nina M., Atem von Gott, spürbares Zeichen, dass sie nicht verlassen war und von Gott vergessen in ihrem schweren Schicksal, sondern dass Gottes Geist bei ihr war, mit jedem Atemzug. Bis zum letzten Atemzug. Bis sie nun gestorben ist.

Und vielleicht ist durch ihren Atem etwas von Gott spürbar geworden, wodurch sie Menschen berührt hat, obwohl sie nicht berühren konnte, wodurch sie Menschen nahe kam, obwohl sie von sich aus keine Nähe zeigen konnte.

Da war etwas davon spürbar, dass Gottes Geist und Gottes Kraft in den Schwachen mächtig ist, wie es bei Paulus heißt: *Lass dir an meiner Gnade genügen, denn meine Kraft ist in den Schwachen mächtig. (2. Kor.12,9)*

Wenn wir nun Nina M. loslassen müssen, dann ist da zuerst Dankbarkeit, denn sie hat im Leben der Menschen, die ihr nahe waren etwas Neues geweckt: Das Leben mit neuen und anderen Augen zu sehen und wahrzunehmen. Ja, vielleicht ist durch Nina M. etwas von Gottes Gnade spürbar geworden. Lassen wir uns daran genügen, heute und in den Tagen, die kommen werden.

Leiden mit Würde

Renate D.

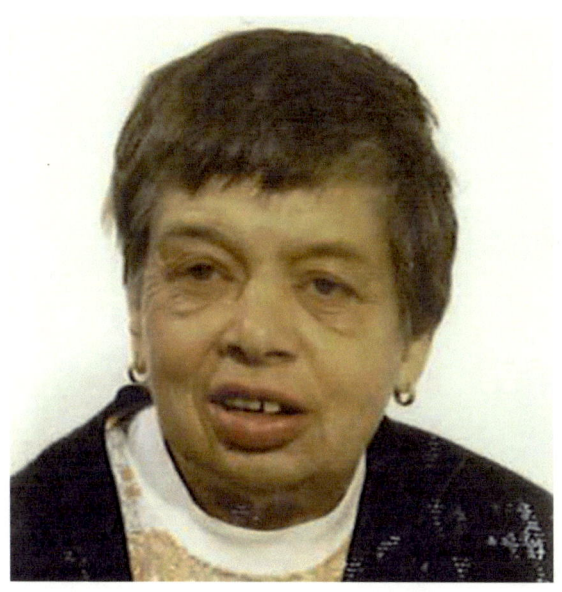

Wir müssen heute Abschied nehmen von Frau Renate D. Sie am vergangenen Freitagabend schnell und so nicht erwartet in ihrem Zimmer im ‚Klosterhof 2' gestorben. Renate D. war 67 Jahre alt.

Mit ihrem Tod ist ein langer Leidensweg zu Ende gegangen. Und auch wenn sie im Laufe der Jahre immer gebrechlicher und hinfälliger wurde, so hat Frau Renate D. ihre Würde doch bis zum Schluss zu bewahren gewusst.

Wenn wir heute an ihrem Sarg und nachher am Grab stehen, so werden wir vielleicht gewahr wie gebrechlich und hinfällig das Leben ist. Nicht nur das Leben der Verstorbenen Renate D., sondern unser aller Leben. So werden wir vielleicht auch gewahr, dass unser Leben ein stetiges Abnehmen und Sterben ist, obwohl wir es oft gar nicht merken und spüren. Vielleicht werden wir auch gewahr, dass unser Leben ein stetiges Loslassen ist.

In jungen Jahren, da ist das Leben von Träumen bestimmt: Was will ich mit meinem Leben anfangen, wo soll es hingehen, was könnte ich werden? Aber dann müssen wir uns entscheiden. Und vielleicht ist das, was wir uns erträumt oder erhofft haben, so gar nicht möglich. Wir müssen vielleicht nur noch das nehmen, was übrig geblieben ist.

Und ist ein Mensch in jungen Jahren noch kräftig und meint, er könne Bäume ausreißen, so lässt diese Kraft mit den Jahren einfach nach, man kann weniger schultern und man ist dann oft noch froh, wenn man sein normales Tagewerk vollbringen kann. Und dann geht vielleicht immer weniger, der Mensch braucht die Hilfe anderer. Ich habe das Gefühl, dass der Lebenslauf von Frau Renate D. in seiner ganzen Schmerzlichkeit doch beispielhaft ist für die menschliche Hinfälligkeit und für das menschliche Leben.

Frau Renate D. wurde 16. Sept. 1939 in Reutlingen geboren, wenige Tage nach Beginn des 2. Weltkrieges. Sie war die jüngere von zwei Töchtern ihrer Eltern. Schon in jungen Jahren verlor sie ihren Vater, der 1944 im Krieg gefallen ist. Renate D. muss dies als Kind schon geahnt haben, denn als er das letzte Mal zuhause war, da hat sie ihren Vater spielerisch am Stuhl festgebunden und gesagt, dass sie ihn nie mehr gehen lasse. Aber sie musste ihn loslassen, nicht nur nach diesem Besuch, sondern für ihr ganzes weiteres Leben.
Renate D. ging dann in Reutlingen in die ganz normale Schule und begann nach der Schulzeit eine Lehre als Verkäuferin im Schuhgeschäft Schneider in Reutlingen. Aber während dieser Zeit bekam sie ein Anfallsleiden, so dass sie die Ausbildung abbrechen musste.
Sie war danach zuhause bei ihrer Mutter bis zu deren Tod 1970. Dann kam sie zuerst nach Zwiefalten und danach nach Mariaberg.

Hier wohnte sie zuerst im ,Mädchenwohnheim', dann ab 1986 im ,Mitarbeiterhaus B', bevor sie im Jahr 2000 bei der Wohngruppe ,Lerchen' ein Appartment bekam.

Zeitweise war sie in Mägerkingen in der ,Strumpffabrik Mader' beschäftigt, aber die meiste Zeit arbeitete sie in der Werkstatt für behinderte Menschen hier in Mariaberg in der Kabelabteilung bei Herrn S.

In dieser ganzen Zeit war sie eine bewegliche und rüstige Frau. Sie unternahm, so oft sie konnte, Reisen mit einer Reisegesellschaft. So war sie verschiedentlich in Österreich, einmal auch in Adalusien und am Nordkap. Auch das kleine Walsertal und den Bodensee kannte sie durch ihre Reisen.

Aber ihr Anfallsleiden hat sie seit ihrer abgebro-chenen Lehre nicht mehr losgelassen. Es gab Zeiten, in denen die Anfälle sehr heftig waren, daneben aber auch Phasen, in denen die Anfälle in den Hintergrund getreten waren. Und sie erlitt immer wieder Knochenbrüche durch Stürze bei ihren Anfällen.

Mitte der 90er Jahre lernte sie Heinz K. kennen. Er wohnte damals bei der Gruppe ,Wendelstein'. 1995 am Pfingstmontag verlobten sich beide. Durch all die schwierigen letzten Jahre ihres Lebens blieben sie sich treu.

Und in diesen über 30 Jahren, die Renate D. in Mariaberg gewohnt hat, waren ihr sowohl die Kontakte in Mariaberg als auch die Beziehung zu

Menschen außerhalb des Heimes sehr wichtig, so zu Pfr. L. in Reutlingen, zu Fam. R. in Unterlenningen und zu ihrem Vetter Ulrich.

Sie ging mit ihrem Verlobten Heinz K. gerne nach Reutlingen zum Stadtbummel, sie kehrte auch gerne ein, besonders im ‚Waldhorn' auf der Haid, wo sie noch eine Klassenkameradin von ihrer Schulzeit her kannte.

In den letzten Jahren wurde sie aber körperlich mehr und mehr gebrechlich, sie hatte verschiedene Knochenbrüche, konnte immer schlechter sprechen, war dann zuerst auf ihren Gehwagen und schließlich ganz auf den Rollstuhl angewiesen.

Wegen ihrer Gebrechlichkeit musste sie 2004 in die Gruppe ‚Sonnenblumen' umziehen, denn hier konnte sie besser versorgt werden und schließlich im letzten Jahr lebte sie im ‚Klosterhof 2'.

Renate D. hat immer sehr großen Wert auf ihr Äußeres gelegt. Sie war immer gut gekleidet, auch in der letzten Zeit, als sie nur noch mit dem Rollstuhl mobil war. Sie hat auch sehr bewusst erlebt wie ihre Entfaltungsmöglichkeiten immer weniger wurden, wie ihr Bewegungsspielraum immer kleiner wurde. Und sie war dankbar um alle Menschen, die sie in dieser schweren Zeit besucht haben. Soweit sie konnte, hat sie an allen öffentlichen Anlässen in Mariaberg teilgenommen. Den Frauenkreis und den Sonntagsgottesdienst hat sie bis zum Schluss besucht. Im letzten Jahr war ihr Leben von

Höhen und Tiefen geprägt. Und nun ist sie unerwartet schnell gestorben.

Bei ihrer Konfirmation hat sie einen Denkspruch aus Hebr. 10 erhalten, wo es heißt:
Werft euer Vertrauen nicht weg, das eine große Belohnung hat. Denn Ausdauer habt ihr nötig, damit ihr den Willen Gottes tun und die Verheißung Gottes erlangen mögt. (Hebr. 10,35)

Oft bin ich überrascht, wenn mir der Lebenslauf eines Menschen erzählt wird und ich seinen Denkspruch dazu sehe.
Auch bei Renate D. habe ich das Gefühl, dass ihr Leben und ihr Denkspruch zusammen gefügt wurden. Denn wenn man auf ihr Leben zurückschaut, auf die immer wiederkehrenden Beeinträchtigungen durch die Anfälle und ihre Knochenbrüche, wie sie kaum noch sprechen konnte und wie ihre Lebensmöglichkeiten und ihre Kontakte dadurch immer mehr eingeschränkt wurden, dann spürt man:
Es hat sehr viel Vertrauen und Lebensmut gebraucht, sich mit diesen Schwierigkeiten nicht hängen zu lassen. Und vielleicht war sie auch manchmal versucht, ihr Vertrauen wegzuwerfen. Ihr Vertrauen in die Menschen, die um sie waren. In ihren Verlobten , in ihre Familie und in ihre Freunde, ja, das Vertrauen in ihr Leben insgesamt. Ich glaube, es hat viel Vertrauen und Lebensmut für sie erfordert, zu erkennen, dass

ihr Leben   trotzdem seinen Wert hat, auch wenn sie es sich anders gewünscht hätte.

Werft euer Vertrauen nicht weg, welches eine große Zukunft hat. (Hebr. 10,35)

Wir wissen nicht, was die Belohnung und die Zukunft ist. Denn wir wissen nicht, was kommen wird. Aber das Vertrauen ist ja nicht nur ein Vertrauen in die Menschen, die uns nahe sind, sondern es ist auch ein Vertrauen in Gott, der uns das Leben geschenkt hat. Der aber auch unser Leben gefügt hat. Vielleicht ist Vertrauen leicht in guten Tagen, aber das Vertrauen steht auf dem Prüfstand in schweren Tagen, wenn wir enttäuscht sind. Und vielleicht hat Renate D. auch manchmal wegen ihres Lebens mit Gott gehadert. Und doch hat sie immer wieder Mut gefunden und Hoffnung, und Vertrauen in Gott. Und auch zu den Menschen, die sie begleitet haben, die Geduld mit ihr hatten in schweren Tagen.

Wir wissen nicht, wie Gott sie belohnen wird für ihre Ausdauer.

Vielleicht hat sie die Belohnung auch schon im Leben erfahren. Denn Belohnung, das muss gar nichts Großartiges sein. Belohnung, das kann ja auch schon Zufriedenheit sein. Dass ich etwas mit neuen Augen sehen kann.

Wenn ich sagen kann, es war gut, auch wenn es schwer war. Ich habe etwas von Liebe erfahren, was ich auf anderem Wege nie erfahren hätte.

Denn es ist ein Geheimnis, wie Gott unser Leben erfüllt. Wir können es nicht machen, aber Gott kann unser Leben verwandeln: Das Leblose zum Leben erwecken. Denn Gottes Kraft ist in den Schwachen mächtig.
Und wir wollen heute darauf vertrauen, dass Gott auch das Leben von Renate D. auf seine Weise erfüllt hat und noch erfüllen und segnen wird.

Das Lachen war ihr Markenzeichen

Emma E.

Wir müssen heute Abschied nehmen von Frau Emma E. Sie ist am vergangenen Mittwoch ganz schnell und unerwartet im Kreiskrankenhaus in Sigmaringen gestorben. Frau E. war 78 Jahre alt.

Wenn ein Mensch so schnell stirbt, wie jetzt Emma E., dann kann es sein, dass wir etwas davon merken, wie ein Leben gebrechlich ist, sozusagen an einem seidenen Faden hängt, und dass auch jeder Atemzug der letzte Atemzug sein kann. Und vielleicht spüren wir auch, dass Sterben nicht etwa zufällig geschieht. Sondern ich habe oft den Eindruck, als ob es von langer Hand vorbereitet wäre.

Und ich habe auch das Gefühl, dass Emma E. gespürt hat, dass ihr Tod nahe war, denn sie war die ganze Nacht vor ihrem Tod sehr unruhig und hat geschrieen. Und wie es sich dann auf unerklärliche Weise gefügt hat, dass sie von Frau M., der Person, mit der sie am vertrautesten war, gerade in ihrer Todesstunde besucht wurde.

Wir wissen vorher nicht, wann die letzte Stunde eines Menschen schlagen wird, aber nachher sehen wir oft, wie sich alles gefügt hat, wie von wunderbarer Hand vorbereitet.

Und es ist ja ein besonderer Augenblick in unserem Leben. Denn mit unserem Kommen und unserem Gehen von dieser Erde öffnet sich diese Tür, die das Diesseits mit dem Jenseits verbindet. Geburt und Tod – jedes Mal öffnet sich diese Tür zwischen dem Diesseits und dem Jenseits.

Und Sie, Frau H., haben in diesen Tagen sinngemäß gesagt:

„Wenn ein Mensch geboren wird, dann freuen sich alle auf dieses neugeborene Kind, aber das Kind selbst weint und schreit. Wenn ein Mensch stirbt, dann sind alle traurig und weinen, aber der Sterbende durchschreitet lachend diese Tür zum Jenseits."

Ja, uns bleibt die Trauer, dass Emma E. nicht mehr unter den Lebenden ist. Uns bleibt der Schmerz des Abschieds. Und wenn ein Mensch stirbt, dann scheint es, als ob auch all das Gemeinsame, all das, was uns mit ihm verbunden hat, mit gestorben wäre.

Wir schauen zurück auf ihr Leben. Wir müssen das Festhalten, was gewesen ist:

Emma E. wurde am 26. April 1929 in Beimerstetten bei Ulm geboren. Ihre Mutter lebte selbst in einem Heim. Emma E. verbrachte ihre ersten Lebensjahre deshalb bei einer Pflegefamilie. 1936 kam sie dann nach Mariaberg. Hier ging zur Schule und arbeitete danach die meiste Zeit in der Handweberei. Mit 72 Jahren ging sie in Rente.

Zuerst hat sie im ‚Mädchenwohnheim' gewohnt, dann in der ‚Mühle' im Tal und die letzten Jahrzehnte bei der Gruppe ‚Sonnenblumen' im ‚Klosterhof 3'.

Lange Jahre, bis zu deren Tod, war sie mit Frau Renate G. befreundet. Sie war jetzt 72 Jahre in Mariaberg. Fast ein ganzes Leben lang.

Emma E. hat sehr gerne Teppiche und Wandbilder geknüpft. Und früher ging sie regelmäßig in den Heimbewohnerchor. Den Sonntagsgottesdienst besuchte sie bis zuletzt sehr regelmäßig.

Sie hat immer sehr viel Ruhe, Zufriedenheit und Freude ausgestrahlt. Ich glaube, das Lachen fiel ihr oft leicht. Und sie konnte Menschen, die um sie waren, mit ihrem Lachen auch anstecken.

Diese Stunde des Abschieds von Frau Emma E. möchte ich unter einen Bibelvers aus der Offenbarung des Johannes, Kap. 22 stellen. Dieser Vers war der Denkspruch, den die Verstorbene bei ihrer Konfirmation bekommen hat:

„Wen dürstet, der komme, und wer da will, der nehme das Wasser des Lebens umsonst." (Offb.22,17)

Ein Vers, der Emma E. ihr ganzes Leben seit der Konfirmation begleitet hat.

„Wen dürstet, der komme, und wer da will, der nehme das Wasser des Lebens umsonst."

Es muss ein ganz besonderes Wasser sein, dieses Wasser des Lebens. Ein Wasser, das nicht aus einer ganz gewöhnlichen Quelle kommt und sicher auch nicht aus dem Wasserhahn. In manchen Märchen wird erzählt, dass Menschen auf der Suche sind nach dem Wasser des Lebens. Und sie finden es oft am Ende der Welt, nach Prüfungen und Abenteuern.

Dieses Wasser des Lebens ist in den Märchen nicht umsonst, sondern es kostet Mut und man muss sein Leben aufs Spiel setzen für dieses Wasser.

Aber das lebendige Wasser, von dem die Bibel redet, das ist umsonst. Im Johannesevangelium sagt Jesus an einer Stelle:

„Wenn jemand dürstet, so komme er zu mir trinke. Wer an mich glaubt, aus dessen Leib werden Ströme lebendigen Wassers fließen." (Joh 7,37.38).

Unser Leib ist also diese Quelle des lebendigen Wasser. Wenn wir auf Gott vertrauen, und darauf, dass er Mensch geworden ist. Wenn wir darauf vertrauen, dass Gottes Geist in uns wohnt. Wenn unser Leib die Quelle des lebendigen Wassers ist, dann ist dieses Wasser wahrlich umsonst. Denn jeder Mensch selbst ist der Spender dieses Wassers, das seinen Durst zu stillen vermag.

Ein wunderbarer Bibelvers, der die Verstorbene Emma E. auf ihrem Lebensweg begleitet hat. Weist er uns doch darauf hin, dass Gottes Kraft und Gottes Geist nicht irgendwo, sondern in uns selbst zu finden sind. Es liegt nur an unserem Glauben und unserem Vertrauen.

Und ich glaube, dieser Bibelvers hat seine Bedeutung nicht nur im Leben von Emma E. hatte, sondern auch noch darüber hinaus. Auch wenn wir heute an ihrem Sarg versammelt sind, um Abschied zu nehmen. Und man kann es noch gar nicht glauben, dass sie wirklich gestorben sein soll. So schnell und unerwartet. So fast ganz ohne Vorzeichen. Und manche unter uns haben das

Gefühl, Emma E. könnte gleich wieder zur Tür hereinkommen mit ihrem Lachen und ihrer Zuversicht.

Es wird sicher noch lange Zeit brauchen, bis wir es wirklich mit dem Gefühl annehmen können: Emma E. ist wirklich nicht mehr unter den Lebenden, sondern sie ist nur noch im Geist bei uns. In unseren Träumen, in unseren Gedanken. Aber auch in unserer Trauer und in den Tränen.

Und vielleicht ist in den Tränen etwas zu spüren von diesem Wasser des Lebens, das in uns ist. Von dem Jesus sagt, dass aus unserem Leib Ströme des lebendigen Wassers fließen werden, wenn wir auf Gott vertrauen.

Und wenn ein Mensch gestorben ist, wie jetzt Emma E., dann müssen wir uns erst wieder neu finden: Neuen Grund unter den Füßen und neues Vertrauen in das Leben.

Mit Emma E. haben Sie über viele Jahrzehnte ihres Lebens gemeinsame Erfahrungen gemacht und gemeinsame Zeit verbracht. Der Tod eines so nahen Menschen macht das eigene Leben jetzt vielleicht trostlos wie ein dürres, vertrocknetes Land. Ein Land, das nach Wasser dürstet.

„Wen dürstet, der komme, und wer da will, der nehme das Wasser des Lebens umsonst."

So wollen wir in dieser Stunde des Abschieds von Emma E. darauf vertrauen, dass Gott unser Leben wieder neu erfüllen wird und befruchten wie ein dürres Land. Wir wollen darauf vertrauen, dass der Tod nicht das Ende ist, sondern der

Anfang von etwas Neuem. Im Diesseitigen aber auch im Jenseitigen.
Für die Verstorbene Emma E. und auch für uns, die wir hier zurückbleiben.

„Breit aus die Flügel beide, o Jesu meine Freude,
und nimm dein Küchlein ein.
Will Satan dich verschlingen, so lass die Englein singen:
„Dies Kind soll unverletzt sein".
(Evang. Gesangbuch 477, Vers 8)

Von diesem Lieblingsvers von Emma E. wollen wir uns auch geleiten lassen und wir wollen darauf vertrauen, dass Gott unsere Trauer verwandeln möge in Hoffnung und Zuversicht durch seinen Sohn Jesus Christus.

Verlassen – und doch nicht verlassen

Günther S.

Wir kommen heute zusammen, um Abschied zu nehmen von Herrn Günter S. Günter S. ist am vergangenen Dienstag in seiner Wohngruppe ‚Altbauern' in der Toilette schwer gestürzt und dann infolge der Verletzung am Donnerstag im Krankenhaus in Ravensburg gestorben.

Sein Tod kam schnell und unerwartet. Die, die zurückbleiben müssen mit diesem Tod umgehen, diesen Tod annehmen. Wahrnehmen und annehmen dass Günter S. nicht mehr unter den Lebenden ist.

Vielleicht müssen wir sagen, dass sein Leben in einem kurzen Augenblick zerbrochen ist. In diesem kurzen Augenblick des Sturzes.

Und es ist schwer, Worte dafür zu finden. Sie verlieren mit Günter S. den Bruder, den Freund, den Mitbewohner und Anvertrauten.

Abschied, das ist deshalb nicht nur eine Sache dieser Stunde oder dieses Tages. Abschied braucht einen langen Weg. Denn es heißt ja, anzunehmen, dass es nun so gewesen ist. Dass das Leben von Günter S. so war, wie es war und dass es nun zu Ende ist.

Und Abschied heißt auch:
Sich das Leben von Günter S. immer wieder vor Augen zu führen und auch das, was uns mit ihm verbunden hat.

Günter S. wurde am 2. August 1966 in Feldhausen bei Gammertingen geboren. Er war das jüngste von 5 Kindern der Familie.

Schon in seiner Kindheit hatte er epileptische Anfälle und sie sollten ihn sein ganzes Leben lang begleiten bis zum Ende.

Günther S. lebte im Kreis seiner Familie und bei seinen Eltern bis 1998.

Dann zog er in eine Wohngruppe im ‚Wohnverbund Sigmaringen'.

Vor drei Jahren wechselte er nach Mariaberg zur Wohngruppe ‚Teck' und lebte schließlich in den vergangenen drei Monaten bei den ‚Altbauern'.

In der Mariaberger Werkstatt arbeitete er schon seit 1997.

Seine Anfälle haben ihn sehr beeinträchtigt, musste er doch immer einen Sturzhelm tragen und durch die Anfälle hatte er oft das Gefühl, das Leben nicht im Griff zu haben. Denn von einem Augenblick auf den anderen konnte es sein, dass ihm ein Anfall sein Stehvermögen und seine Geistesgegenwart raubte und Günter S. nicht mehr wusste, was da mit ihm geschehen war.

Ich glaube, es ist schwer dies zu ertragen. Genauso wie diesen Helm, den er zu tragen hatte, ganz gleich, wie heiß es darunter war. Und dieser Helm machte seine Krankheit für jeden, der ihm begegnete, auch sichtbar.

Günter S. hat mit seiner Krankheit und seinen Lebensumständen deswegen oft gehadert. Es war schwer für ihn, das alles zu ertragen.

Besonders gefährdet war er in gewöhnlichen Alltagsmomenten. Beispielsweise am Tisch beim Essen, wo er immer den Helm absetzte. Manchmal stand er auf, um etwas zu holen, was er vergessen hatte und es konnte sein, dass er in diesem Moment ungeschützt von einem Anfall überrascht wurde.

Oder er lag im Bett in seinem Zimmer, ging nochmals kurz ohne Helm nebenan auf die Toilette und wurde dabei ebenfalls von einem Anfall zu Boden geworfen.

Und solche Momente, in denen man für einen Augenblick nicht an seine Sicherheit denkt, gibt es ja im Leben zuhauf. Nicht nur in Mariaberg. Wo man nachher sagt: ach hätte ich doch.

Anfälle sind schwer zu greifen. Manche Menschen spüren, dass sie wieder einen Anfall bekommen, andere spüren nichts und die Anfälle kommen wie aus heiterem Himmel.

Und Anfälle machen einen Menschen benommen und rauben ihm ein Stück seiner Lebensbewusstheit.

Sie sind wie ein Riss in einem Film, sodass ein Mensch nicht mehr weiß, was gestern und vorgestern alles geschehen ist. Da bleibt immer eine Lücke in seiner Erinnerung.

Günter S. hat deshalb oft mit seinem Schicksal gehadert. Warum gerade er?

Warum wurde er mit dieser Krankheit geschlagen, ja vielleicht empfand er es als eine Strafe Gottes?

Ja, warum hat der eine Mensch ein schweres und der andere ein leichtes Schicksal? -

Fragen, auf die wir keine Antwort bekommen. Die letztlich an Gott hängen bleiben.

Denn Gott bestimmt ja unser Leben: Wie wir geboren werden, ob unter günstigen oder unter ungünstigen Vorzeichen und ob wir gewünscht sind oder unerwünscht. Alles Vorzeichen, die kein Menschen bestimmen kann.

Und wenn es schon schwere Schicksale auf dieser Welt gibt, warum dann gerade ich?

Warum konnte dieser Kelch nicht an mir vorüber gehen?

Und wie Sie mir erzählt haben, hat sich Günter S. sehr oft damit auseinandergesetzt.

Und man kann zu einem Menschen auch nicht sagen: damit musst du dich abfinden. Das Abfinden kann ein Mensch nicht machen, denn Hoffnung wächst ohne unser Zutun in unserem Herzen.

Mit den Einschränkungen einer Krankheit schwinden auch Lebensträume. Was hätte alles sein könnte in meinem Leben, wenn ich nur anders gekonnt hätte?

Und vielleicht bleibt auch nur der Zorn darüber, dass es nicht anders gewesen ist.

Dass die Hoffnungen und Träume, die ein Mensch in seinem Leben hatte, einfach zerbrochen sind.

In der Mariaberger Traueranzeige für Günter S. stand ein Zitat der Dichterin Nelly Sachs:
„Der Himmel übt über dir Zerbrechen"

Und bei Jesaja heißt an einer Stelle:
„Ich habe dich einen kleinen Augenblick vergessen, aber mit großer Barmherzigkeit will ich dich wieder sammeln. "
(Jes.54,7)

Vielleicht mag es scheinen, dass Gott den Verstorbenen Günter S. oft vergessen hatte. Vielleicht gab es kein Zeichen des Himmels, wo Günter S. ein Zeichen erwartete hätte.
Und doch:
Manchmal gibt es ja diese Zeichen der Liebe, diese Zeichen des Himmels. Aber wir haben keinen Blick mehr dafür. Auch, dass ein Mensch so enttäuscht ist, dass er anderes gar nicht mehr sehen und hören kann.

Ich glaube, es gibt kein Leben, das genauso ist, wie wir es uns wünschen. Aber es gibt Menschen, die haben es geschenkt bekommen, ihr Leben so anzunehmen, wie es kommt, auch wenn es schwer ist.
Diese Menschen werden von anderen gelobt. Sie sind auch leichter zu ertragen. Und deshalb hoffen alle, dass ein Mensch mit einem schweren

Schicksal lernt, sein Schicksal anzunehmen, lernt die Zeichen des Himmels zu verstehen. Denn niemand kann dies für einen anderen tun.

Können wir denn einen Menschen loslassen, der bis zuletzt mit seinem Schicksal gekämpft hat, der sein Schicksal sein ganzes Leben lang nicht annehmen konnte?

Wenn ein Mensch gestorben ist, so wie jetzt Günter S., dann kann man nichts mehr für ihn machen. Außer beten und hoffen.

„Ich habe dich für einen kleinen Augenblick verlassen, aber mit großer Barmherzigkeit will ich dich sammeln."
(Jes. 54,7)

Mag dieser Bibelvers uns begleiten im Abschied und in der Trauer um Günter S.
Mag dieser Bibelvers ein Ausdruck der Hoffnung und Zuversicht sein, dass Gott den Mangel unseres irdischen Lebens auf seine Weise füllen wird.
Denn ich glaube, wir können nicht leben, ohne die Hoffnung und Zuversicht bei Gott geborgen zu sein: Im Leben und im Sterben, in leichten und in schweren Zeiten, in gewünschten und unerwünschten Zusammenhängen.

Dieser Vers mag unsere Hoffnung sein heute und in allen kommenden Tagen des Abschieds.

Das Schmerzhafte verschweigen wir lieber

Heinrich W.

Wir müssen Abschied nehmen von Herrn
Heinrich W. und ihn heute zu Grabe tragen.

Heinrich W. ist im Alter von 86 Jahren am Don-
nerstagmorgen beim Frühstück schnell und fast
unauffällig gestorben.

Er hat 70 Jahre hier in Mariaberg gelebt. Mit seinem Tod werden wir wieder an die Vergänglichkeit des Lebens erinnert. Wir werden wieder
gewahr, dass wir sterben müssen und dass dies
das Ziel, das Ziel unseres Lebens ist.

Mit jedem Menschen, dem wir begegnen, haben
wir Anteil an seinem Leben. Das kann eine ganz
innige Bindung sein wie sie vielleicht zwischen
zwei Menschen oder zwischen Eltern und Kindern, zwischen Geschwistern oder guten Freunden besteht, das kann aber auch eine entferntere
Bindung sein. In unserem Inneren lässt uns der
Tod eines Menschen nicht unberührt. Ganz
gleich, ob er uns nahe oder ferner war. Die Welt,
unsere Welt, die wir kennen, wird mit jedem Tod
ein Stück weniger. Wir müssen uns neu finden
und diese, unsere Welt, die ärmer geworden ist,
wieder neu annehmen.

Und es kann auch sein, dass das Schmerzliche in
unserem Leben mit dem Tod von Heinrich W.
wieder berührt wird. Dass da wieder Erinnerungen hochkommen, vielleicht an den Tod eines
Menschen, der uns sehr nahe war. Auch an
Menschen, die schon vor langer Zeit verstorben
sind.

Aber vielleicht tauchen auch andere Erinnerungen auf:

Was wir mit dem Verstorbenen Heinrich W. alles erlebt haben. Gemeinsamkeiten, die wir mit ihm hatten, vielleicht auch Gegensätze und Reibepunkte. Und beides bestimmt ja unser Leben, sowohl in der Bestärkung als auch in der Auseinandersetzung. Da waren vielleicht schwierige Zeiten, Ungewissheiten im Leben und es waren daneben Zeiten in denen das Leben leichter war. Im eigenen Leben und im Leben des Verstorbenen Heinrich W.

Das alles mag da auftauchen, wenn wir heute am Sarg von Heinrich W. stehen und um ihn trauern.

Unser Leben ist vergänglich, wie alles im Leben vergänglich ist. Und zu dieser Vergänglichkeit gehört auch das Vergessen, dass auch die Gedanken vergehen und die Erinnerung vergeht. Dass nichts mehr bleibt von unserem Leben. „Unser Leben ist wie Staub" heißt es in der Bibel. (Pr 3,20) Und wenn der Wind darüber geht, so verweht er alle Spuren, dann ist es nachher, als ob gar nichts gewesen sei.

Wenn wir vergessen werden, so ist es nachher, als ob wir gar nicht da gewesen wären. Das macht Angst und die Menschen sind schon immer darauf aus, das Andenken über den eigenen Tod hinaus zu erhalten. Etwas zu bewahren vom Leben, über den Tod hinaus. Wenigsten die Gedanken.

Abschiednehmen ist Erinnerung. Damit wir das behalten, was uns mit Heinrich W. verbunden hat. Damit er uns erhalten bleibt in unseren Gedanken, auch über den Tod hinaus. Ich möchte deshalb nochmals zurückschauen auf die wichtigsten Stationen seines Lebens.

Heinrich W. wurde am 3. Dez. 1919 in Göppingen geboren. Er war der jüngste von vier Söhnen seiner Eltern. Seine Eltern hatten ein Aussteuergeschäft in Göppingen. Heinrich W. wuchs im Elternhaus auf, besuchte zuerst die Knabenschule, kam dann in die Hilfsschule und danach im Alter von 16 Jahren nach Mariaberg. Sein Bruder Hans lebte bereits hier.

Sie hatten gemeinsam ein Zimmer bei den ,Altbauern'. Mit seinem Bruder teilte Heinrich W. dieses Zimmer und sicher auch Vieles andere im Leben bis zu dessen Tod vor über 10 Jahren 1994.

Heinrich W. arbeitete hier in Mariaberg in all den Jahren seiner Berufstätigkeit in der Landwirtschaft. Zuerst im Rossstall, als die Landwirtschaft noch hier unten beim Kloster war, dann auch im Schweinestall. Ebenso im Wald, denn er war für das Brennholz in Mariaberg zuständig.

Heinrich W. konnte sehr energisch sein. Und er wollte gerne zeigen, was er konnte.

1989 ging er dann mit 70 Jahren in den Ruhestand und übernahm danach bei ,Altbauern' einfache Hausmeisteraufgaben, wie die Essensannahme, die Spülmaschine zu befüllen, zu leeren und zu bedienen. Zu den ‚Altbauern' hatte Heinrich W. eine bleibende Bindung, auch wenn er vor über einem Jahr zur Gruppe ‚Mondstein' umziehen musste. Denn in den letzten Jahren war er mehr und mehr pflegebedürftig geworden und auf den Rollstuhl angewiesen.

Aber es fiel ihm sehr schwer, seine Pflegebedürftigkeit anzunehmen, natürlich wäre er noch gerne so rüstig gewesen wie früher. Und wenn er mit seinem Kuscheltier „Bärle" abends ins Bett ging, dann gab es da auch noch eine ganz zärtliche Seite an Heinrich W.

Heinrich W. wurde jetzt 86 Jahre alt und hat das „Dritte Reich" mit seiner Menschenverachtung im wahrsten Sinne des Wortes am eigenen Leib erfahren. Denn er gehörte zu den Menschen die zwangssterilisiert wurden, per Gesetz, damit auch die Menschenverachtung ihre Ordnung hatte.

Sie haben mir erzählt, dass er nie darüber geredet hat. Aber ich denke, dass es ein schmerzhafter Einschnitt für ihn gewesen sein muss. Denn mit dem körperlichen Eingriff wurde ihm ja gleichzeitig vermittelt: Du bist nichts wert für die Gemeinschaft, gut zum Arbeiten, aber nicht mehr.

Aber daneben gab es aber auch Lichtblicke in seinem Leben: die Bindung zu seiner Familie, zu seinen Brüdern und deren Familien, zu den ‚Altbauern', der jährliche Besuch in Neuweiler und dort besonders bei Fam. R. und nicht zuletzt die Gemeinschaft in Mariaberg.

Nun ist Heinrich W. am Donnerstag am Frühstückstisch sehr schnell gestorben. Und ich möchte hier hinzufügen: alt und lebenssatt.

Bei seiner Konfirmation hat Heinrich W. einen Denkspruch aus Psalm 34 erhalten:
„Ich will den Herrn loben allezeit, sein Lob soll immerdar in meinem Munde sein." (Ps 34,2)

Auch wenn wir Angst davor haben, der Vergessenheit anheim zu fallen, so wissen wir doch, dass von unserem irdischen Leben nichts mehr bleiben wird. Es wird vergehen wie Spuren im Staub. Und unsere Hoffnung und Zuversicht ist es, dass es neben diesem Sichtbaren, eine Zukunft gibt, die unseren Augen verborgen ist. Eine Zukunft im Himmel, eine Zukunft in Gottes Reich. Denn jeder Mensch lebt ja nicht aus sich selbst heraus, sondern jeder Mensch entspringt dem Willen Gottes. Es geht kein Mensch über die Erde, den Gott nicht lieben würde.

Aber dieses Jenseitige ist uns noch verborgen. *„Wir sehen jetzt wie in einem dunklen Spiegel, dann aber von Angesicht zu Angesicht.", (1. Kor. 13,12)* schreibt der Apostel Paulus.

Jetzt sind wir unwissend, dann aber werden wir wissend sein. Und vielleicht ist das Gebet und das Lob Gottes das einzige, was uns mit Gott verbindet. Was uns verbindet mit dem noch nicht Sichtbaren, mit dieser jenseitigen Herrlichkeit.

„Ich will den Herrn loben allezeit, sein Lob soll immerdar in meinem Munde sein." (Ps 34,2)

Weil wir wissen, dass wir von Gott nicht vergessen sind, sondern erwartet werden.

Gelassenheit im Angesicht des Todes

Reinhardt W.

Wir nehmen heute Abschied von Herrn Reinhardt W. Reinhardt W. ist am vergangenen
Sonntag ganz unerwartet auf der Fahrt zum Gottesdienst nach Mägerkingen verstorben. Sein Leben ist so schnell zu Ende gegangen, dass man es
gar nicht glauben möchte.

„Erst gestern, ja erst vorhin, sah ich ihn doch
noch laufen, habe noch mit ihm gesprochen und
jetzt soll er schon tot sein, das kann doch gar
nicht wahr sein", so wurde mir erzählt.

Ja, wir wollen es nicht glauben, wenn jemand so
schnell und ohne Vorahnung geht, wie jetzt
Reinhardt W.

Wir können uns auf den Tod nicht einstellen,
sondern der Tod kommt so unvermittelt, so
überraschend in unser Leben und reißt uns aus
dem Alltagstrott. Fast möchte ich sagen, der Tod
kommt auf leichten Füßen und wir werden gewahr, wie schnell unser Leben vorbei sein kann,
wie schnell wir aus diesem Leben abgerufen werden können.

Der Tod von Reinhardt W. lässt uns nachdenken
über das eigene Leben. Und wir merken, dass wir
nicht planen können, ohne an Gott zu denken.

Martin Luther hat bei seinen Planungen und
Vorhaben gesagt: „So Gott will und wir leben."

Wir können nicht sagen: im nächsten Jahr mach'
ich das und das. Sondern wir können nur sagen:
Im nächsten Jahr mach' ich das, so Gott will und
ich lebe.

Wir werden des eigenen Lebens wieder mehr bewusst, aber wir müssen auch den Tod von Reinhardt W. bewältigen. Denn durch den Tod eines Menschen, der uns nahe war, mit dem wir vertraut waren, mit jedem Tod wird das eigene Leben ja ärmer.

Da lebt ein Mensch nicht mehr, mit dem ich eine Erfahrung geteilt habe. Ein Mensch, mit dem ich gemeinsame Erlebnisse hatte, mit dem ich vielleicht zusammen gearbeitet habe, gemeinsam am Tisch gesessen bin , mit dem ich oft geredet oder gemeinsame Zeit verbracht habe. Und jeder Mensch, dem ich begegne, ist ja auch Teil meines Lebens.

Und jetzt, wo Reinhardt W. gestorben ist und wir Abschied nehmen müssen, wollen wir uns nochmals an ihn erinnern, an die wichtigsten Stationen seines Lebens.

Reinhardt Wilhelm Maximilian W. wurde am 27. Juli 1922 in Jena geboren. Er war der Jüngste von 4 Söhnen seiner Eltern. Sein Vater war Professor. Bald nach der Geburt von Reinhardt W. zog die Familie nach Tübingen, weil der Vater hierher berufen wurde. Da Reinhardt W. die öffentliche Schule nicht besuchen konnte, hatte er immer zuhause Privatunterricht. Mit 15 Jahren, nach seiner Konfirmation in Tübingen, kam er 1937 nach Mariaberg.

Er blieb 2 Jahre hier, ehe er von 1939 bis 1944, von seinem Vater wieder nach Hause geholt wurde. Der Vater hatte gewusst, dass die sog. Euthanasie für die Bewohner von Mariaberg lebensbedrohlich werden würde und er war auch vom damaligen Anstaltsdirektor Kraft darauf hingewiesen worden, sodass er seinen Sohn Reinhardt vorsorglich wieder nach Hause holen solle.

Von 1944 bis jetzt zu seinem Tod lebte Reinhardt W. in Mariaberg. Er arbeitete 51 Jahre in der Gärtnerei Und er hat oft stolz davon erzählt.

Er wohnte zuerst im Kloster, wie alle anderen auch, dann auf der späteren Gruppe ‚Achalm', im ‚Röschheim' und die letzten Jahre auf der Gruppe ‚Talblick'.

Reinhardt W. besuchte regelmäßig den Gottesdienst, er kam bis zuletzt immer in den Männerkreis, und nahm teil an allen Aktivitäten, die ihn interessierten.

Er las regelmäßig Zeitung und schaute im Fernsehen die Nachrichten an. Ihn interessierte vor allem die Politik und das Tagesgeschehen. Und er wusste auch davon zu erzählen, wie sich Mariaberg über die Jahrzehnte zu seiner heutigen Form entwickelt hat.

Reinhardt W. war ein sehr umgänglicher Bewohner in seiner Wohngruppe.

Seine Eltern starben nacheinander Anfang der 60er Jahre. Auch seine drei Brüder sind inzwischen gestorben, Reinhardt W. war der letzte seiner Generation in seiner Familie. Sein Neffe H. hat sich in den letzten Jahren als Betreuer regelmäßig um ihn gekümmert und davon hat Reinhardt W. immer wieder erzählt und natürlich war er gern zu einem Besuch bei seinem Neffen und dessen Familie in Tübingen.

Reinhardt W. hat sehr schlecht gehört. Ich glaube, wenn er im Gottesdienst oder im Männerkreis war, dann hat er nur einen kleinen Teil des Gesprochenen verstanden. Aber er wurde darüber nie verbittert, sondern trug es mit sehr großer Gelassenheit. Er wurde auch nicht ärgerlich, sondern war bis zum Schluss ein fröhlicher und ausgelassener Mensch. Das habe ich an ihm sehr bewundert. Er konnte sich auch seines Alters freuen. Und wir wollen deshalb dankbar sein, dass er 84 Jahre alt wurde.

Reinhardt W. hat bei seiner Konfirmation in Tübingen einen Denkspruch aus Psalm 103 bekommen, wo es heißt:
„Lobe den Herrn meine Seele und vergiss nicht, was er dir Gutes getan hat;
der dir alle deine Sünden vergibt und heilet alle deine Gebrechen,
der dein Leben vom Verderben erlöst,
der dich krönet mit Gnade und Barmherzigkeit. "
(Psalm 103,2-4)

Es ist im Grunde ein wunderbarer Vers:

„Vergiss nicht, was er dir Gutes getan hat,
der dir . . vergibt, der dich . . heilt,
der dich vom Verderben erlöst,
der dich krönet mit Gnade und Barmherzigkeit. "

Der dir eine Krone aufsetzt, nicht aus Gold sondern aus Gnade und Barmherzigkeit. Es ist keine Krone, dir wir sehen könnten, es ist auch keine Krone, deren Wert wir in Euro angeben könnten.
Sondern es ist eine Krone, die unbezahlbar ist.
Und ich glaube, das ist ein glücklicher Mensch, der dies von sich und seinem Leben sagen kann.

Dass wir Vergebung erfahren, dass wir heil werden und bei Gott erlöst werden, und dass Gott mit uns gnädig und barmherzig ist, das ist ja unsere Hoffnung für unser Leben und sicher unsere Hoffnung, wenn wir nach unserem Tod wieder zu Gott zurückkehren.

Aber manchmal, oder vielleicht doch ganz oft, ist dies auch im Leben zu spüren. Nämlich dass Gott uns im Leben trägt. Dass er uns hilft, wenn es schwer ist. Dass Gott das Schwere leicht machen kann. Ja, Gott kann unser Leben verwandeln zum Guten.

In den Märchen wird oft von Königskindern erzählt. Von Prinzen und Prinzessinnen. Und als Kind habe ich mich dann gefragt, wo denn die vielen Königreiche liegen sollen, von denen die Märchen erzählen.

Aber wenn wir mitten im Leben etwas davon spüren können, dass Gott uns eine Krone aufsetzt aus Gnade und Barmherzigkeit, dann sind wir ja Königskinder: Königssöhne und Königstöchter, eben Gottes Königskinder, weil Gott unser König ist.

Vielleicht hat auch Reinhardt W. manchmal etwas von dieser Verheißung gespürt, die ihm durch seinen Denkspruch zugesprochen worden war.

Ich denke dabei an die Gelassenheit, die er oft hatte, trotz seiner Schwerhörigkeit. An die Gelassenheit, die ein Mensch vielleicht braucht, um auch so leicht und schnell sterben zu können wie Reinhardt W.

Wir sind traurig, dass wir heute von ihm Abschied nehmen müssen. Aber wir wollen auf Gott vertrauen. Denn nur Gott kann unser Leben wieder neu erfüllen. Nur Gott kann uns wieder neues Leben schenken, damit wir leben können auch im Angesicht des Todes.

Wir wollen heute Abschied nehmen von Reinhardt W. in der Zuversicht, dass sich bei Gott alle diese Verheißungen erfüllen werden:

„Lobe den Herrn meine Seele und vergiss nicht war er dir Gutes getan hat und tun wird.

Der dir alle deine Sünden vergibt und heilet alle deine Gebrechen.
Der dein Leben vom Verderben erlöst,
der dich krönet mit Gnade und Barmherzig.“

(Ps 103, 2-4)

Es ist schön, dass du da bist

Traude K.

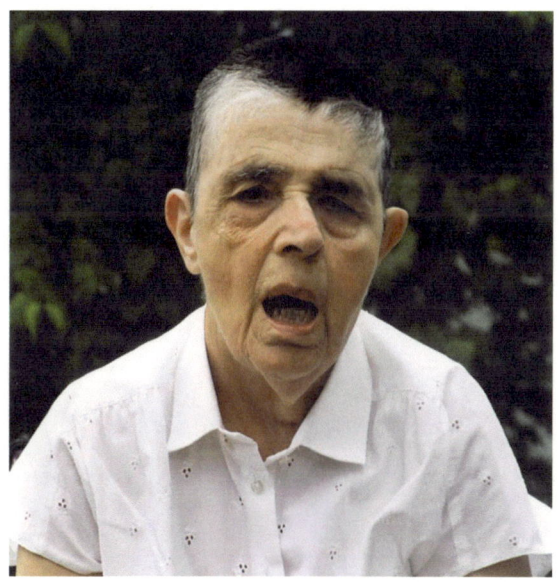

Wir müssen heute Abschied nehmen von Frau Traude K., die am vergangenen Samstagfrüh schnell und unerwartet gestorben ist Frau K. lebte auf der Gruppe ,Vergißmeinnicht' und war jetzt 67 Jahre alt.

Wenn ein Mensch so schnell stirbt, so hat das ja zwei Seiten:

Die eine ist, dass wir sagen, Traude K. konnte sterben, ohne dass sie leiden musste, ohne dass sie oft zum Arzt gemusst hätte oder gar ins Krankenhaus. Das wollte sie ja gar nicht.

Aber auf der anderen Seite:

Wir konnten uns nicht darauf vorbereiten, dass sie gegangen ist, wir konnten gar nicht richtig Abschied nehmen. Ja, und wir wollten gar nicht, dass sie jetzt schon geht, wir hätten sie gerne noch viel länger unter uns gehabt. Wir hätten gerne noch manches mit ihr erlebt.

Mit ihr ist ein Teil unseres Lebens gegangen. Mit ihr haben wir ein Stück Vertrautheit im Leben verloren.

Sie, die Angehörigen, haben mit Traude K., die Schwester, die Schwägerin, und Tante verloren.

Für ihre Gruppe ,Vergißmeinnicht' war sie eine liebe Zimmernachbarin und Mitbewohnerin, eine vertraute Freundin über viele Jahrzehnte und eine anvertraute Person, die alle ihr geschenkte Zuwendung dankbar und mit Liebe annahm.

Nun ist sie tot und wir müssen sie loslassen, müssen Abschied von ihr nehmen. Müssen ihren Weg in Gedanken wieder gehen und dabei auch schauen, wo war sie Teil meines Lebensweges. Was hat mich mit Traude K. verbunden? Wo ist ihr Weg auch mein Weg gewesen?

Traude K. wurde am 2. April 1938 in Calw im Schwarzwald geboren. Sie war das jüngste von 4 Kindern der Familie. Schon bei ihrer Geburt mit ihrer Zwillingsschwester Inge erlitt Traude K. einen Sauerstoffmangel. Sie hatte dann eine spastische Lähmung und epileptische Anfälle.
Aber sie wurde von ihrer Familie sehr geliebt und umsorgt und war deshalb in ihrer Familie sicher geborgen. Auch in der gefährlichen Zeit während des „ Dritten Reiches" war sie in der Obhut ihrer Familie.

Am 8. April 1949 kam sie dann nach Mariaberg, weil es sonst keine Möglichkeit für sie gab, zur Schule zu gehen. Auch war es hier in Mariaberg leichter, eine angemessene Tätigkeit für sie zu finden.
Traude K. fühlte sich in Mariaberg sehr wohl. Hier fand sie auch ihre Freundinnen mit denen sie bis jetzt auf der Gruppe ‚Vergißmeinnicht' zusammen gelebt hat.
1971 kam sie zur Gruppe ‚Vergißmeinnicht' und 1990 zog die ganze Gruppe in das neu erbaute Rondell am ‚Sonnigen Plätzle'.

Traude K. konnte aufgrund ihrer spastischen Lähmung nur wenige Schritte laufen und war auch in ihrer sonstigen Bewegungsfähigkeit stark eingeschränkt.

Bis sie in den Ruhestand vor 6 Jahren kam, arbeitete sie bei Herrn M. in der Leichtmontage. Aber sie konnte nur 2 Stunden am Tag arbeiten. In der anderen Zeit war sie in einer Förder- und Betreuungsgruppe. Und mir scheint es, dass sie das, was sie in der Arbeit weniger konnte, an anderer Stelle wieder ausglich.

Sie sang gerne und hatte ein sehr großes Repertoire an Liedern auf ihrer Mundharmonika parat. Sie schaute gerne Bilderbücher an und sie spielte leidenschaftlich gerne.

Sonntags wurde sie regelmäßig mit ihrem Rollstuhl zum Gottesdienst gebracht Sie freute sich auf die Freizeiten mit ihrer Wohngruppe, so wie dieses Jahr in Inzell und am Königssee, auch der jährliche Besuch beim Frauenkreis in Allmendingen war ihr wichtig. Ebenso konnte sie sich über Besuch freuen.

Vor 5 Jahren ist Traude K. schwer gestürzt und wurde wegen eines Blutgerinnsels am Kopf operiert.

Bis vor zwei Jahren war sie in den Sommerferien regelmäßig bei ihrer Schwester Inge, mit der sie zeitlebens eine innige Bindung hatte. Ihre Eltern waren schon 1986 kurz nacheinander gestorben.

Seit diesem Sturz vor 5 Jahren war Traude K. mehr und mehr beeinträchtigt und konnte vieles, was ihr früher Freude gemacht hatte, nicht mehr machen.

Am vergangenen Freitag hatte sie nun zwei sehr schwere Anfälle und am Samstagmorgen war sie tot in ihrem Bett. Und wenn wir zurückschauen, dann merken wir, da gab es Anzeichen für ihr Ende. Sie selbst muss das Ende gespürt haben, denn Traude K. hat auf ihre Weise Abschied genommen. Sie hat mit ihren wenigen Worten Zeichen gesetzt. Nun ist sie nicht mehr unter den Lebenden.

Diese Stunde des Abschieds möchte ich unter einen Vers aus dem Psalm 103 stellen, den sie als Denkspruch zu ihrer Goldenen Konfirmation im März dieses Jahres erhalten hatte:

„Wie sich ein Vater über Kinder erbarmt, so erbarmt sich der Herr über die, die ihn fürchten." (Psalm 103,13)

Seit Traude K. gestorben ist, werde ich von verschiedenen MitarbeiterInnen angesprochen: Stimmt es, ist Traude wirklich gestorben?

Und an den Reaktionen der Menschen merke ich, da war etwas in ihrem Leben, das ich bis dahin nicht gemerkt hatte, weil sie die letzten Jahre schon gebrechlich war.

Da war etwas, was ihr Leben bestimmt hat, dem ich nur etwas nachspüren kann.

Traude K. war eine Frau, die kaum sprechen konnte, sie war an den Rollstuhl gebunden und in allen Alltagshandlungen auf Hilfen angewiesen. Sie hatte also auf dieser praktischen Seite, die im menschlichen Leben ja ganz wichtig ist, eigentlich nichts vorzuweisen.

Aber da gab es etwas anderes, was ihrem Leben eine Qualität gab und Traude für andere ganz wichtig werden ließ. Es war vielleicht ihr Lachen, ihre Liebe, ihre Ausstrahlung, ihre Musik und ihre Freude.

Denn ich glaube, ohne dies alles, das Lachen, die Liebe, die Ausstrahlung, Musik und Freude, was wäre denn unser Leben. Es wäre arm, wenn Menschen nicht mehr lachen könnten.

Und es ist nicht das Lachen über andere. Sondern es ist einfach das Lachen und die Freude über das Leben. Es ist schön, dass du da bist. Es ist schön, dass es dich gibt.

Wie ein Kind sich einfach kindlich über kleine und unscheinbare Dinge freuen kann. Denn wir leben nicht von den großen Dingen im Leben, die oft so weit weg sind, sondern von den kleinen, den alltäglichen. Von einem strahlenden Blick, einer lieben Umarmung, ja, von der einfachen Lust am Leben.

Und ich glaube, nur wenn wir uns an diesem Einfachen erfreuen können, dann kann etwas spürbar werden von diesem Psalmvers:

„Wie sich ein Vater über Kinder erbarmt, so erbarmt sich der Herr über die, die ihn fürchten." (Ps 103,13)
Wer sich freuen kann, wie ein Kind, kann auch Gottes Erbarmen erfahren. Kann erfahren, dass Gott sich ihm zuwendet.

Und vielleicht war Traude K. so ein Mensch. Vielleicht war über sie und durch ihre Person etwas spürbar von Gottes Erbarmen und Gottes Zuwendung. Da war etwas, das durch sie in diese Welt gekommen ist, das allen, die ihr begegnet sind, etwas Besonderes gegeben hat.
Ja, dass durch sie etwas von Gottes Liebe in dieser Welt spürbar geworden ist. Dass wir durch sie die Welt mit neuen, mit anderen Augen wahrnehmen konnten.
„Denn wie sich ein Vater über Kinder erbarmt, so erbarmt sich der Herr über die, die ihn fürchten."(Ps. 103,13)

Herrmann konnte nichts sagen, hatte aber alles verstanden.

Trauer bei sprachlosen Menschen

Gegenüber Menschen mit geistiger Behinderung gibt es oft große Unsicherheiten. Besonders wenn sie nicht sprechen können oder wenn man sie nicht versteht. Manchmal benehmen sie sich auch auffällig.

Diese Unsicherheit besteht auch im Blick auf ihr Trauerverhalten und ihren Umgang mit Sterben und Tod.

Hat ein geistig behinderter Mensch überhaupt verstanden, was Tod bedeutet? Hat eine geistig behinderte Person überhaupt mitbekommen, dass beispielsweise ihre Mutter oder ihr Vater gestorben ist? Versteht ein geistig behinderter Mensch, was bei einer Beerdigung geschieht? Wie drückt sich Trauer aus bei Menschen mit geistiger Behinderung? Unterscheidet sie sich von nicht behinderten Menschen?

Solche und ähnliche Fragen tauchen immer wieder auf – ausgesprochen oder unausgesprochen.

Das folgende Beispiel wurde mir vor einiger Zeit von einer Mariaberger Mitarbeiterin erzählt. Es zeigt deutlich, dass ein sog. geistig behinderter Mensch sehr wohl versteht, was Tod bedeutet und für seine Bedürfnisse der Trauer ein gutes Gespür hat. Trauerbegleitung erfordert hier einfach, wach zu sein für seine Zeichen und Signale.

Seit einigen Wochen – genauer seit Ende September - hatte seine Mutter nicht mehr angerufen. Vorher war sie regelmäßig zu Besuch gekommen – jedes zweite Wochenende. Die Eltern von Herrmann hatten sich vor 10 Jahren getrennt. Sein Vater kam danach nur noch sporadisch, vielleicht zweimal im Jahr.

Vor mehr als zwei Jahren war der Vater durch einen Herzinfarkt am Steuer seines Fahrzeugs tödlich verunglückt.

Herrmann selbst lebt im Heim, kann ohne Gehhilfe nur wenige Schritte laufen, kann sich nur über Gesten mitteilen und – so die medizinische Diagnose – er kann das gesprochene Wort nicht verarbeiten.

Damals, beim Tod seines Vater, durfte er nicht zur Beerdigung, weil seine Mutter dies verhindert hatte. Nur das Grab, das durfte er später besuchen.

In den letzten Woche, seit seine Mutter sich nicht mehr angerufen hatte, da hatte Herrmann sehr viel geweint, wenn er allein in seinem Zimmer war.

Dann kam die Nachricht vom Tod seiner Mutter. Sie hatte sich nach einem Sturz einer Operation unterziehen müssen. Bei der Operation erlitt sie einen Herzinfarkt und starb. Es war der 22. November.

Würde Herrmann die Todesnachricht verstehen?

Die Mitarbeiterinnen übermittelten ihm die Nachricht vom Tod seiner Mutter mittels Gebärdensprache. Sie stellten ein Foto von seiner Mutter auf, es war schwarz umrahmt, sie zündeten Kerzen an und beteten mit ihm.

Außerdem versuchten die Mitarbeiterinnen den Beerdigungstermin zu erfahren. Herrmann sollte nicht wieder von der Beerdigung ausgeschlossen sein wie damals beim Tod seines Vaters. Nach drei Wochen kam dann endlich die Nachricht über die Urnenbeisetzung der Mutter. Gleich nach der Obduktion war ihr Leichnam eingeäschert worden.

Ein Freund der Mutter würde ihn zur Urnenbeisetzung abholen und auch wieder zurückbringen. Herrmann kannte diesen Freund, in letzter Zeit hatte er Herrmanns Mutter immer begleitet bei ihren Besuchen in Mariaberg.

Die Urnenbeisetzung ist an einem Freitag. Als Herrmann abgeholt wird, trägt er schwarze Kleidung und einen schwarzen Anzug, er freut sich, er lacht.

Bei der Urnenbeisetzung habe er sich unauffällig verhalten, so berichtet sein Begleiter danach.

Aber Herrmann hat, als er wieder zuhause ist, einen blassen Gesichtsausdruck, er erzählt nichts, er möchte auch – gegen seine Gewohnheit – die Spülmaschine nicht ausräumen.

Am nächsten Tag, dem Samstag, weint er still in seinem Zimmer – sonst weint Herrmann immer laut. Der Samstag ist immer Badetag, danach ist Kleiderwechsel. Aber Herrmann möchte nach dem Baden seine Kleidung nicht wechseln, er möchte weiter in schwarz sein.

Nur am folgenden Sonntag zeigt er dann sehr deutlich, dass er den schwarzen Anzug nicht mehr möchte, er soll in den Schrank gehängt werden.

Die Mitarbeiterinnen der Wohngruppe hatten in seinem Schrank zerrissene Kleidungsstücke gefunden. Es war vermutlich eine der wenigen Möglichkeit für Herrmann, mit seinem Schmerz umzugehen und seinem Schmerz auf diese Weise Raum zu geben.

Es ging auf Weihnachten zu. Bisher hatte Herrmann die Weihnachtstage immer bei seiner Mutter verbracht. Die anderen Bewohner seiner Wohngruppe sind über Weihnachten ebenfalls immer zuhause, d. h. seine Wohngruppe ist nicht besetzt. Wo sollte er diesmal an Weihnachten sein? Es war spürbar, dass ihn dies sehr beschäftigte.

Aber er konnte über Weihnachten in einer anderen Wohngruppe bleiben. Eine Mitarbeiterin besuchte mit Herrmann zusammen diese Wohngruppe und erklärte ihm den Zusammenhang. Er war offensichtlich zufrieden mit dieser Lösung.

An den Weihnachtsfeiertagen besuchte er dann die Gottes-dienste in der Klosterkirche. Er fragte nicht mehr nach seiner Mutter. Und es war offensichtlich, dass er alles verstanden hatte. Den Tod seiner Mutter, die Urnen-Beisetzung und den Abschied.

Ein Foto seiner Mutter wollte er in seinem Zimmer aufgestellt haben, Lieder und Gebete sind ihm sehr wichtig.